고백록

젊은 날의 방황과 아름다운 구원

청소년 철학창고 13

고백록 젊은 날의 방황과 아름다운 구원

초판 1쇄 발행 2006년 6월 20일 | 초판 6쇄 발행 2021년 2월 22일

풀어쓴이 정은주
펴낸이 홍석 | 기획 채희석 | 이사 홍성우
편집진행 김재실·김상은 | 표지 디자인 황종환 | 본문 디자인 서은경
마케팅 이가은·이송희·한유리 | 관리 김정선·정원경·최우리·홍보람
펴낸곳 도서출판 풀빛 | 등록 1979년 3월 6일 제8-24호
주소 03762 서울시 서대문구 북아현로 11가길 12 3층
전화 02-363-5995(영업), 02-362-8900(편집) | 팩스 070-4275-0445
홈페이지 www.pulbit.co.kr | 전자우편 inmun@pulbit.co.kr

ISBN 978-89-7474-539-4 44160
ISBN 978-89-7474-526-4 44080 (세트)

이 도서의 국립중앙도서관 출판예정도서목록(CIP)은 서지정보유통지원시스템 홈페이지(http://seoji.nl.go.kr)와
국가자료공동목록시스템(http://www.nl.go.kr/kolisnet)에서 이용하실 수 있습니다. (CIP제어번호: CIP2006001209)

고백록

젊은 날의 방황과 아름다운 구원

아우구스티누스 지음 | 정은주 풀어씀

'청소년 철학창고'를 펴내며

우리 청소년이 읽을 만한 좋은 책은 없을까? 많은 분들이 이런 고민을 하셨을 겁니다. 그러면서 흔히들 고전을 읽어야 한다고 합니다. 하지만 서점에 가서 책을 골라 보신 분들은 느꼈을 겁니다. '청소년의 지적 수준에 맞춰서 읽힐 만한 고전이 이렇게도 없는가.'라고.

고전 선택의 또 다른 어려움은 고전의 범위가 매우 넓다는 것입니다. 청소년 시기에는 시간과 능력의 한계 때문에 그 많은 고전들을 모두 읽을 수 없습니다. 그렇다면 어떤 책을 읽어야 할까요?

이런 여러 현실적인 어려움을 고려해 기획한 것이 풀빛 '청소년 철학창고'입니다. '청소년 철학창고'는 고전의 핵심이라 할 수 있는 '철학'에 더 많은 무게를 실었습니다. 그 이유는 무엇일까요?

사람들은 일반적으로 철학을 현실과 동떨어진 공리공담이나 펼치는 학문이라고 생각합니다. 하지만 철학적 사고의 핵심은 사물과 현상을 다양하게 분석하고 종합해서 그 원칙이나 원리를 찾아내는 것입니다. 그래서 철학은 인간과 세상에 대해 깊이 있게 생각하고, 논리적으로 종합하는 능력을 키워줍니다. 그런 만큼 세상과 인간에 대해 눈떠 가는 청소년 시기에 정말로 필요한 공부입니다.

하지만 모든 고전이 그렇듯이 철학 고전 또한 읽기가 쉽지 않습니다. 그래서 '청소년 철학창고'는 청소년의 눈높이에 맞추기 위해 선정에서부터 원문 구성에 이르기까지 많은 노력을 기울였습니다.

첫째, 책을 선정하는 과정에서부터 엄격함을 유지했습니다. 동양·서양·한국 철학 전공자들이 많은 회의 과정을 거쳐, 각 시대마다 동서양과 한국을 대표하는 철학 고전들을 엄선했습니다. 특히 우리 선조들의 사상과 동시대 동서양의 사상들을 주체적인 입장에서 비교하고 검토할 수 있도록 했습니다.

둘째, 고전 읽기의 참다운 맛을 살리기 위해 최대한 원문을 중심으로 구성했습니다. 물론 원문 읽기의 어려움을 해결하기 위해 새롭게 번역하고 재정리했습니다. 그리고 청소년이라면 누구나 어렵지 않게 읽으면서 고전이 주는 의미와 내용을 이해할 수 있도록 설명을 덧붙였고, 전체 해설을 통해 저자의 사상과 전체 내용을 다시 한 번 정리해 주었습니다.

마지막으로 쉬운 것부터 읽기 시작해 점차 사고의 폭을 넓혀 가도록 난이도에 따라 세 단계로 구분했습니다. 물론 단계와 상관없이 읽고 싶은 순서대로 읽어도 됩니다.

우리 선정위원들은 고전 읽기의 진정한 의미가 '옛것을 되살려 오늘을 새롭게 한다(溫故知新).'는 데 있다고 생각합니다. '청소년 철학창고'를 통해 자라나는 청소년들이 인간과 사물에 대한 깊은 통찰력을 키워, 밝은 미래를 열어 나갈 수 있기를 진정으로 바랍니다.

2005년 2월

선정위원 허우성(경희대 교수, 동양 철학)   윤찬원(인천대 교수, 동양 철학)
정영근(서울산업대 교수, 한국 철학)   허남진(서울대 교수, 한국 철학)
이남인(서울대 교수, 서양 철학)   한자경(이화여대 교수, 서양 철학)

들어가는 말

　누구에게나 살면서 크든 작든 '고백'할 일이 생기기 마련이다. 고백이라는 말 속에는 반성과 함께 새로운 각오가 담겨 있다. 그래서 고백은 야릇한 호기심과 팽팽한 긴장감을 동시에 불러일으킨다. 과연 아우구스티누스는 《고백록》을 통해 우리에게 무엇을 고백하고 있을까?

　먼저 그는 끊임없이 유혹에 흔들리는 못난 자신을 고백한다. 방황했던 젊은 날에 대한 그의 고백을 듣다 보면 우리는 보통 사람과 조금도 다르지 않았던 한 성자의 모습과 만나게 된다. 그래서 성자는 태어나는 것이 아니라 **뼈**를 깎는 노력으로 만들어지는 존재라는 생각마저 든다. 아우구스티누스는 절대적 진리이자 빛인 신을 찾아가기까지 자신의 삶을, 때론 울부짖듯 때론 기도하듯 들려준다. 그래서 그의 고백은 1,500년이라는 세월을 뛰어넘어 오늘날의 우리 영혼 속에도 깊이 파고든다.

　다음으로 그는 신에 대한 감사와 사랑을 고백한다. 아우구스티누스는 인간의 삶을 주관하는 하느님의 지극한 돌보심에 감사하고 절대자의 완벽한 지혜에 고개 숙인다. 그런 점에서 《고백록》은 분명 기독교라는 특정 종교에 기댄 책이다. 그래서 어떤 사람은 이 책에 특별히 더 많은 점수를 주기도 하고 어떤 사람은 이 때문에 그 가치를 깎아내리기도 한다. 그러나 칭찬이든 깎아내림이든 그러한 평가는 일면적이라는 것을 쉽게 알 수 있다.《고백록》을 찬찬히 읽다 보면 종교는 여럿이어도 진리는 하나라는 말을 실감할 수 있기 때문이다.

예를 들어 아우구스티누스는 "진리를 밖에서 찾지 말고 자기 안의 영원한 빛을 찾아야 한다."라고 말했다. 이는 내 안의 부처를 발견하라는 불교의 주장과 들어맞는다. 또 "진리는 인간의 오감으로는 결코 파악할 수 없다."고도 말했다. 이 또한 수시로 변하는 감각에 속지 말고 참다운 불성을 찾으라는 불교의 세계관과 통한다. 이렇게 아우구스티누스의 인간과 삶의 근원에 대한 진지한 탐구는 특정 종교를 떠나 보편적인 진리와 통하고 있다.

학자들은 흔히 서양 사상의 토대를 형성한 양대 산맥으로 그리스 정신(헬레니즘)과 기독교 정신(헤브라이즘)을 꼽는다. 아우구스티누스는 100여 권이 넘는 방대한 저서들을 통해 기독교 정신이라는 하나의 산맥을 일으키는 데 막대한 공헌을 했다. 그래서 그는 서양 사상이라는 거대한 구조물을 떠받치는 기둥이 되었다. 고대는 물론 현대까지도 많은 학자들이 이 기둥에 기대어 자신의 사상과 철학 체계를 만들어 왔다. 어떤 학자는 플라톤, 아리스토텔레스와 함께 서양의 3대 사상가로 아우구스티누스를 꼽았고, 심지어 아우구스티누스가 이 두 사람보다 실질적으로 미친 영향력은 더 컸다고 주장한다.

《고백록》은 아우구스티누스의 많은 저서들 중에서 가장 많이, 가장 널리, 가장 오래 읽히는 책이다. 그 시절은 물론 오늘날까지도 많은 사람들이 이 책을 통해 삶의 진실한 의미와 만나고 있다.《고백록》을 읽으며 세월이 가도 변하지 않는 인간과 진리에 대해 차분히 성찰해 보자.

2006년 5월
정은주

| 일러두기 |

1. 이 책은 Saint Augustine, 《Confessions》(Henry Chadwick 역, Oxford University Press, 1995)를 기본 텍스트로 하고, 국내 번역본 중에서는 《고백록》(선한용 옮김, 대한기독교 서회, 2003)과 《고백록》(김평옥 옮김, 범우사, 2002)을 참고하였다.
2. 《고백록》은 원래 13권으로만 구성되어 있는데, 이 책에서는 전체적인 흐름을 이 해하기 쉽도록 내용에 따라 3부 13권으로 재구성하였다.
3. 각 권은 이해를 돕기 위해 주제와 내용에 따라 여러 개의 소단락으로 나누었고, 경우에 따라서는 원문의 의미를 훼손하지 않는 범위에서 줄이거나 생략하기도 하였다.
4. 원문에는 《성경》 구절들을 인용할 때 《성경》의 어느 부분인지를 표기했지만, 이 책에서는 꼭 밝혀야 할 필요가 있는 경우를 제외하고는 따로 밝히지 않았다.

제1부 젊은 날을 참회함

전체 13권으로 구성된 《고백록》은 내용에 따라 세 부분으로 나눌 수 있다. 제1부는 제1권에서 제9권까지로 아우구스티누스가 방탕했던 젊은 시절을 솔직하게 회상하고 기독교로 귀의하기까지의 과정을 다루고 있다. 세례를 연기하고 하느님의 보호에서 멀어진 소년기, 육체적인 방황으로 점철된 청년기를 거쳐 기독교에 귀의하기까지의 파란만장한 삶을 참회하는 마음으로 고백하면서 아우구스티누스는 이런 못난 자신을 사랑과 은총으로 지켜준 하느님께 감사드린다.

제1권 어린 시절

　약 4년에 걸쳐 완성된 《고백록》은 아우구스티누스가 자신의 나이 마흔 세 살에 집필하기 시작했다. 그가 기독교의 세례를 받은 지 10년 뒤이며 아프리카 히포 교구의 주교가 된 지 2년 뒤인 397년의 일이다.

　《고백록》에서 아우구스티누스는 태어나서부터 서른세 살까지의 삶, 그리고 신앙과 사상의 변화를 때론 격정적으로 때론 담담하게 들려준다. 그는 자신이 기독교에서 벗어나 죄를 저지르고 방황했던 젊은 날들을 되돌아보면서 창조주 하느님의 깊은 은총을 확인하고 다시금 진리요, 구원자이신 하느님 안에 살기를 다짐한다.

　아우구스티누스는 354년 11월 13일 북아프리카의 타가스테(오늘날 알제리의 수카라스)에서 태어났다. 타가스테는 로마 제국의 통치를 받던 누미디아 지방의 작은 마을이었다. 아우구스티누스는 여기서 초등교육을 받은 뒤 북아프리카 인근 도시에서 공부했고 뒤에 유명한 수사학 교사가 된다. 아우구스티누스는 독실한 기독교 신자인 어머니의 영향으로 어린 시절부터 기독교를 가까이하며 자랐지만, 사춘기 이후에 물질과 쾌락의 유혹에 빠지고 마니교에 젖어 들면서 기독교와 멀어져 갔다. 오랜 방황의 나날을 보낸 아우구스티누스는 서른세 살이 되던 해에 과거의 잘못을 깊이 뉘우치고 마침내 하느님께 귀의한 뒤에 성직자의 길을 걸어간다.

제1권은 태어나서 열다섯 살까지 아우구스티누스의 유아기와 소년기의 삶을 다루고 있다.

"하느님은 인간을 창조했지만 죄는 인간이 만든 것이다. 이 세상에 죄 없는 사람은 아무도 없으며 세상에 태어난 지 하루밖에 안된 갓난아기조차 죄가 있다. 어린아이도 시기와 질투심, 이기적인 욕망을 안고 있으며 그에게도 미움의 감정이 가득 차 있다."

이런 시각으로 아우구스티누스는 자신의 어린 날들을 부끄럽게 회상한다. 공부를 소홀히 해서 선생님께 고통스럽게 매를 맞았던 기억, 라틴어는 좋아했지만 그리스어나 기초 과목 공부를 소홀히 하고 헛된 문학 작품에만 심취했던 시절에 대한 후회, 거짓말하고 도둑질하며 허영심에 들떠 지냈던 소년 시절 등을 솔직하게 고백한다.

하지만 하느님은 언제나 사랑과 은총으로 어린 시절의 아우구스티누스를 인도했고 아우구스티누스는 이에 대해 하느님께 고개 숙여 깊이 감사드린다. 그는 인간은 본래 신의 섭리와 영광에 의해 살아가기 때문에 하느님 안에서 안식을 누릴 때만이 참다운 삶을 살게 된다고 강조하면서 거듭 신을 찬미한다.

하느님을 찬미하며

위대하신 하느님, 당신의 높고 거룩한 힘과 지혜는 이루 헤아릴 길이 없습니다. 인간은 당신의 피조물 가운데서도 너무나 보잘것없는 미물에 불과하며 언젠가 죽을 운명을 안고 살아갑니다. 인간은 하느님 당신을 찬미하면서 비로소 기쁨을 누리며 당신 안에서 안식을 누리기 전까지 결코 편안할 수 없습니다.

주님, 당신이 존재하지 않으면 이 세상의 어떤 피조물도 존재할 수 없습니다. 저 또한 제 안에 당신이 계시지 않는다면 존재한다고 할 수가 없습니다. 모든 것은 주님으로부터 나와 주님을 통해 주님 안에서 존재합니다. 그러므로 주님은 "나는 천지에 충만하지 않느냐?"(〈렘〉 23:24)라고 말씀하셨습니다.

하느님, 당신은 이런 분이십니다. 가장 높고 선하며 전지전능하고 자애로우며 정의롭습니다. 깊은 어딘가에 숨어 계신 듯하지만 항상 가까이 계시며 완벽한 아름다움과 강인함을 갖추고 계십니다. 또한 당신은 영원히 변하지 않으시되 삼라만상을 변화시키고 새롭게 만드십니다. 항상 일하되 안식을 취하시며, 부족함이 없으시되 모든 것을 당신에게 모아들이며, 항상 우리를 지켜 주시고 채워 주시고 보호해 주시고 창조하시고 길러 주십니다. 사랑하되 불타지 않으며, 질투하되 근심하지 않으며, 뉘우치되 후회의 고통이 없으며, 화를 내되 침착하십니다. 당신은 온갖 모습으로 변하시지만 당신의 근본 뜻은 결코 변하지 않습니다. 오, 우리의 생명이시며 거룩한 기쁨이신 하느님, 우리가 감히 당신에 대해 무슨 말을 할 수 있겠습니까?

누가 저를 이끌어 당신 안에서 안식을 얻도록 해 줄까요? 저를 당신께 인도하여 제 죄를 씻고 유일한 선이신 당신을 끌어안도록 해 줄 이가 누구일까요? 오, 주님, 당신은 제게 정녕 무엇입니까? 제발 제가 답할 수 있도록 도와주소서. 제 영혼에게 '나는 너의 구원이니라.'라고 말씀해 주소서. 제발 제게 당신의 얼굴을 숨기지 마시고 당신을 올바로 볼 수 있도록 도와주소서.

제 영혼의 집은 당신이 들어오기에는 너무 작고 낡았음을 고백합니다. 크고 깨끗한 집으로 고쳐 주소서. 주님, 제 은밀한 잘못을 깨끗이 씻어 주시고 죄의 유혹에 빠지지 않도록 당신의 종을 구하소서. 당신은 진리이시므로 심판을 받아야 할 법정에서 저는 당신과 겨룰 수가 없습니다. 당신이 모든 죄를 살펴보실 텐데 감히 누가 당신과 맞설 수 있겠습니까?

갓난아기조차도 죄가 있다

저는 미미한 티끌에 불과하지만 이제 자비로운 주님 앞에서 말할 수 있게 하소서. 저를 불쌍히 여기고 굽어살피소서. 저는 어디에서 왔을까요? 주님, 제가 어디로부터 와서 언젠가 죽게 될 유한한 삶을 살고 있는지 알려 주소서.

저는 기억할 수 없으나 부모님은 말씀하셨습니다. 때가 되자 당신이 아버지와 어머니의 몸을 통해 저를 지으셨고 당신의 사랑으로 저를 먹이며 보살펴 주셨다구요. 저는 포근한 어머니의 젖을 먹고 자랐지만 진정 제게 먹을 것을 주신 분은 하느님 당신이십니다. 저는 그저 주님의 법칙에 따라, 풍요로운 자연의 질서에 따라 먹고 자랐을 뿐입니다. 어머니와 유모는 당신이 베푸신 양식을 단지 제게 전해 주었을 뿐이고 제 본래 행복은 당신이 내려 주신 것입니다.

하느님, 모든 선한 것은 당신으로부터 왔으며 오직 당신을 통해서만 우리가 구원에 이를 수 있습니다. 하지만 저는 이런 사실을 나중에 당신이 제게 은혜로운 선물을 주시며 크게 외치실 때에야 비로소 깨달았습니다. 태어난 직후에는 그저 젖이나 빨고 배부르면 웃고 불편하면 울고 하는 것밖에 몰랐습니다.

자라나면서 점차 저는 제가 어디에 있는지 알게 되었고 욕망을 채워 줄 사람들에게 제 뜻을 밝히기 시작했습니다. 하지만 제 안의 욕망을 밖에 있는 사람들은 잘 알아채지 못했고 그들은 제 영혼으로 들어오지도 못했습니다. 제가 손짓 발짓으로 욕망을 표시해 봤지만 그들은 저를 잘 이해하지 못했습니다. 간혹 알아차린다 해도 제게 해롭다는 이유로 그 뜻을 들어주지 않았습니다. 그러면 저는 마구 울고 떼를 쓰며 앙갚음을 했지요.

하느님, 당신은 인간을 창조하셨지만 인간의 죄를 만들지는 않았습니다. 아담 이후로 모든 죄는 인간에 의해 시작되었고 당신 앞에서는 어느 누구도 죄로부터 순결하지 못합니다. 심지어 지상에서 단 하루를 산 아기조차 순결할 수가 없습니다. 어린아이도 자기에게 필요 없는 물건이라 할지라도 무조건 가지려고 울고 보채며 자기 요구를 들어주지 않는다고 마구 떼를 씁니다.

비록 어린아이의 몸이 작고 약해서 순진무구해 보일 수 있으나, 마음은 결코 순결하지 않습니다. 아직 말도 못하는 어린아이가 엄마 젖을 형이 나누어 먹는다고 괴로워하고 질투하는 모습을 본 적이 있습니다. 남아서 흘러넘치는 젖을 자기 형제나 혹은 그것을 꼭 필요로 하는 아이들이 조금 나누어 먹었다고 마구 질투하고 욕심 부리는 짓이 어찌 죄가 되지 않겠습니까?

놀기 좋아하는 소년

　유아기를 지나서 말을 할 수 있는 나이가 되자 저는 기억을 이용해 말을 배웠습니다. 사람들이 어떤 물건의 이름을 부르며 그 소리에 맞춰 몸으로 그것을 가리키면 저는 그 이름과 물건을 기억 속에 간직했습니다. 저는 여러 가지 말을 듣고 단어의 의미를 기억한 다음 제 입으로 이런 단어들을 사용하도록 훈련했습니다. 그리하여 주변 사람들과 점차 의사소통을 할 수 있게 되었고 폭풍우가 몰아치는 거친 세상에 더 깊이 발을 들여놓았습니다.

　오, 하느님, 제가 소년 시절에 얼마나 비참한 경험을 했는지 모릅니다. 선생님은 성공과 명예를 얻으려면 혀를 능숙하게 잘 놀리고 남을 속이기도 잘하는 수사학(웅변술)에 뛰어나야 한다고 가르쳤습니다. 학생은 선생님께 복종해야 할 도덕적 의무가 있고 학문을 배우기 위해 학교에 가야 합니다. 하지만 그때 저는 학문이 왜 제게 필요한지 몰랐습니다. 그 당시에 학교는 체벌을 심하게 가했는데 우리 선생님도 배움에 게으른 제게 가차없이 매질을 했습니다. 저는 구세주이자 피난처이신 하느님께 간절히 기도했지요. 제발 매를 맞지 않도록 해달라고요. 하지만 다른 어른들은 물론 부모님조차 매 맞은 자국을 보며 도리어 저를 나무랐기 때문에 저는 매우 고통스럽고 힘든 나날을 보냈습니다.

   저는 기억력이나 지적 능력이 부족하지는 않았지만 놀기를 무척 좋아했습니다. 이 때문에 어른들한테서 심한 체벌을 받았습니다. 솔직히 아이들 못지않게 놀기 좋아하는 어른들은 자기들이 놀면 그것이 '일'이라고 핑계를 대고 아이들이 놀면 마치 무슨 죄나 지은 듯 심하게 벌을 줍니다. 제게 매질을 가했던 선생님도 실제로 저와 별반 다르지 않았습니다. 제가 친구들과 공놀이를 하다가 지면 질투와 시기심으로 속이 불타오르듯 선생님도 동료들과 사소한 논쟁을 하다가 지면 저 이상으로 속을 태웠습니다.

   그렇다 해도 역시 제게는 죄가 있습니다. 저는 선생님이나 부모님의 말씀을 자주 어겼고 배우기를 게을리했습니다. 왜 그들이 제게 배움을 요구했는지 학문과 지식이 얼마나 살아가는 데 유용한 것인지 저는 나중에야 깨달았습니다.

멀어진 세례

하느님을 굳게 믿었던 어머니는 제가 태어나자마자 인(燐)으로 만든 침으로 십자가 표시를 하고 혀에 소금을 뿌리는 의식(고대 교회에서 악귀를 쫓기 위해 초심자에게 행하던 의식)을 치르게 했습니다.

그러던 어느 날 저는 갑자기 높은 열에 시달리며 극심한 복통으로 거의 죽음 직전에 이르게 되었습니다. 주님께서도 아시다시피 저는 어려서부터 열정과 믿음으로 그리스도의 세례를 받고자 갈망해 왔습니다. 그런데 제 병세는 좋아졌고 병이 낫자 세례는 마냥 뒤로 미뤄지게 되었습니다. 살아가면서 제 자신을 더럽힐 것이 분명한데 거룩한 세례 이후에 죄를 짓게 된다면 그것은 더 위험하고 큰 잘못이 될 것이라 여겼기 때문입니다.

하느님, 그때 제 세례는 왜 연기되었을까요? 그것이 당신의 뜻이었다면 그 이유가 궁금합니다. 세례가 연기되면서 고삐가 풀려 죄를 더 짓게 만든 것이 제게 과연 좋은 것이었나요? 지금도 제 귀에는 "그를 그대로 내버려 두어라. 그가 원하는 대로 하게 하라. 그는 세례를 받지 않았다."라는 소리가 들리는 듯합니다. 제가 좀 더 일찍 병을 치유하고 영혼의 건강을 얻어 하느님의 보호 아래 편안히 지냈더라면 얼마나 좋았을까요?

하지만 소년기 이후에 저는 얼마나 거센 유혹의 파도에 휩쓸리게 되었습니까? 어머니는 그것을 미리 아셨던지 세례를 통해 하느님을 닮은 형상으로 제가 빨리 빚어지기보다 원초적인 흙덩어리 그대로 세파에 부딪히는 쪽을 택하셨습니다.

괴로운 그리스어, 즐거운 라틴어

소년 시절에 저는 책 읽기를 좋아하지 않았고 강요된 공부를 싫어했습니다. 선생님들은 공부를 강요하며 명예나 부를 추구하라고 가르치셨습니다. 그것이 좋은 일은 아니라 해도 하느님 당신은 그런 지식이 헛되지 않도록 저를 이끌어 주셨고 공부를 싫어하는 제게 정당한 벌을 받도록 하셨습니다.

저는 소년 시절에 라틴어는 좋아하면서 그리스어 배우기는 왜 그리도 싫어했을까요? 그 이유를 아직도 모르겠습니다. 읽기, 쓰기, 산수 같은 기초 과목을 배울 때는 그리스어를 배울 때만큼이나 괴로웠습니다. 그러나 기초 과목을 배운 덕분에 저는 읽고 쓸 수 있는 능력을 얻었고 그것은 다른 어느 과목들보다 유익했습니다.

저는 아에네아스(로마의 시인 베르길리우스의 서사시 〈아에네아스〉에 나오는 주인공. 아에네아스는 트로이의 왕 안키세스와 여신 아프로디테 사이에서 태어났다. 트로이의 영웅으로 맹활약했으나 트로이가 전쟁에서 패하자 트로이를 탈출해 방랑을 거듭하다가 이탈리아에 도착해 로마 민족의 조상이 되었다고 한다.)의 방랑기를 담은 베르길리우스의 시를 배웠고 사랑 때문에 목숨을 버린 디도(카르타고 왕 티로스의 딸로 아에네아스와 사랑에 빠졌으나 아에네아스가 로마로 떠나자 자살한다.)에게 눈물을 흘리기도 했습니다. 그러나 하느님,

이런 시를 읽으면서도 방랑하는 자신은 정작 잊고 있었고 당신과 멀어져 죽어 가던 자신에 대해서는 눈물 한 방울 흘리지 않았습니다. 비참한 자신은 동정하지 않으면서 남을 동정하는 것보다 더 어리석고 불쌍한 일이 있을까요?

제 마음의 빛이요 영혼의 양식이신 하느님, 저는 창조주이신 당신을 버리고 보잘것없는 피조물들만 좇는 불쌍한 존재였습니다. 저는 문학이 읽기나 쓰기보다 훨씬 더 고상하고 유익한 교양이라고 착각했습니다. 셈하기 같은 기초 공부는 소홀히 하면서 무장한 군인들로 가득 찬 트로이 목마, 불타는 트로이, 크레우사의 유령(아에네아스의 원래 부인으로 트로이 전쟁 중에 죽는데 유령으로 나타나 앞날을 예언한다.) 같은 헛된 광경에 제 마음을 온통 빼앗겼습니다.

그런데 왜 이런 매력적인 이야기를 들려주는 그리스어는 싫어했을까요? 그리스의 시인 호메로스는 그런 재미있고 허구적인 이야기를 엮어 내는 데 재주가 뛰어났지만 저는 그를 강제로 배우기 싫었습니다. 만약 그리스 소년들이 로마의 시인 베르길리우스를 강제로 배웠다면 저와 비슷한 느낌이 들었겠지요. 사실 소년들이 외국어를 배우기는 너무 힘듭니다. 그것은 그리스인들이 들려주는 달콤한 이야기에 쓴맛 나는 쓸개즙을 뿌려 놓은 것과 같습니다. 그리스어 단어 하나도 제대로 모르는 저에게 선생님들은 잔인한 벌로 배우기를 강요했습니다.

그러나 라틴어는 즐겁게 배웠습니다. 어릴 땐 라틴어를 전혀 몰랐지만 유모나 주위 어른들의 말에 주의를 기울이며 자연스럽게 배웠고 생각한 바를 라틴어로 편안하게 표현할 수 있었습니다. 그러므로 언어 학습은 벌을 준다는 위협이나 강제보다는 자유로운 호기심을 불러일으키는 것이 보다 효과적인 방법입니다.

문법이냐, 하느님 법이냐?

당시에는 천한 말이나 잘못된 문법을 쓰면 올바르게 행동해도 비난을 받고, 풍부한 어휘와 정확한 문법을 사용하면 행동이 비열해도 칭찬을 받았습니다. 그러니 사람들은 관습적인 철자법이나 문법은 지키려고 애를 쓰지만 올바른 행동을 가르치는 하느님의 율법은 저버리기 마련입니다. 전통적인 발음법을 가르치는 사람들은 첫 글자 하나만 빼고 발음해도 마구 화를 내지만 다른 사람을 미워하지 말라는 하느님의 계명은 어겨도 대수롭지 않게 생각합니다. 사람들은 유창한 말솜씨를 자랑하며 재판관 앞에서 자신의 적수에게 증오 섞인 독설을 마구 퍼붓곤 합니다. 그때도 문법적인 실수 없이 발음하려고 극도로 애를 씁니다. 그러나 그 분노 어린 감정이 한 인간을 처형시키게 만들 수도 있다는 사실에 대해서는 지극히 무관심합니다.

저는 어릴 때 불쌍하게도 그런 분위기에서 헤어나질 못했습니다. 말할 때 항상 문법적인 오류를 범할까 봐 전전긍긍했고 문법을 잘 지키는 친구를 무척 부러워했습니다. 이런 분위기에 휩쓸려 저도 하느님의 법을 잊고 살았습니다. 당신이 보기에 얼마나 한심했을까요?

저는 놀기를 좋아했고 어리석은 구경거리에 빠져 넋을 잃곤 했습니다. 호기심에 사로잡혀 남몰래 연극을 보러 다녔고 연극 장면들을 흉내 내느라 애를 썼습니다. 가정교사나 부모님께 헤아릴 수도 없을 만큼 거짓말을 많이 했고 또 부모님 몰래 창고나 식탁에서 물건을 훔쳐 간 적도 있습니다. 친구들과 놀 때는 수단과 방법을 가리지 않고 이기려고 애를 썼습니다. 친구가 속으면 그에게 마구 욕을 해 대면서도 제가 속인 것이 드러나면 잘못을 시인하고 용서를 빌기는커녕 오히려 상대방에게 악을 쓰며 대들곤 했습니다. 이런 짓을 어찌 순진한 소년의 행동이라고 할 수 있을까요? 아닙니다, 결코 아닙니다. 주님, 가여운 죄인을 굽어살피시고 은총을 베푸소서.

오, 천지를 창조하시고 우주를 주관하시는 위대한 하느님, 제가 비록 형편없는 소년 시절을 보냈지만 당신께 깊이 감사하고 있습니다. 그렇게 말썽 많았던 시절에도 저는 존재했고 살아갔으며 저 자신의 안전을 살필 수 있었습니다. 아무리 사소한 것이라 해도 저는 진리

안에서 기쁨을 누렸습니다. 저는 기억력이 좋았고 말재주도 있었으며 우정을 소중히 여길 줄 알았고 슬픔과 무기력과 무지를 경계할 줄도 알았습니다.

주님, 이런 모든 자질들은 하느님이 제게 내려 주신 선물입니다. 제가 스스로 만든 것이 아닙니다. 기쁨의 원천이며 크나큰 믿음이신 주님, 당신이 제게 주신 은혜로운 선물에 감사드립니다. 그런 재능을 오래도록 보존하게 해 주소서. 그러면 당신이 주신 선물은 더욱 풍성하게 완성될 것입니다. 저는 당신과 함께 있으리니 제 존재가 바로 당신이 주신 선물이기 때문입니다.

제2권 유혹에 빠진 사춘기

제2권에서는 아우구스티누스가 열여섯 살 사춘기 시절에 자신이 경험했던 육체적인 유혹과 죄에 대해 고백하고 있다. 아우구스티누스는 고향인 타가스테에서 초등교육을 마치고 거기서 남쪽으로 30여 킬로미터 떨어진 마다우라에 가서 중등교육을 받았다. 그러나 가정 형편이 어려워다시 고향으로 돌아오게 된다. 고향에서 약 1년 정도 머무는 동안 공부를 계속하지 못한 불안감으로 아우구스티누스는 매우 초조한 날들을 보냈다. 그는 그때 참된 사랑과 너절한 육체적 욕망을 구분하지 못해 성적인 쾌락에 빠져들었다고 고백한다. 또 불량배들과 어울리며 많은 범죄를 저질렀고 그것을 즐기며 자랑스러워하기까지 했다고 말한다. 친구들에게 나약하다고 조롱받을까 봐 더 심한 범죄도 서슴없이 저질렀다고 자신의 부끄러운 치부까지 드러내며 고백한다.

한편 교육에 남다른 열의를 가졌던 아우구스티누스의 부모님은 도덕적인 순결함보다는 사회적인 지위와 출세에 더 관심이 많았고 이를 위해서 아우구스티누스의 유학을 추진했다. 집안 형편이 넉넉지 않았던 아우구스티누스가 훗날 카르타고, 로마, 밀라노 등지에서 다양한 사상을 자유롭게 접하고 폭넓게 공부할 수 있었던 것은 열렬했던 부모님의 교육열 덕분이기도 했다.

이처럼 아우구스티누스는 철부지 젊은 시절에 하느님의 계율을 어기고 쾌락의 늪에 빠져 살았던 자신의 삶에 대해 솔직하게 고백하고, 사랑으로 품어 주고 용서로 응답하시는 하느님께 다시 한 번 감사드린다. 아우구스티누스는 죄의 구렁텅이에 깊이 빠질수록 최고의 선이신 하느님의 은밀한 보살핌을 거듭 확인하게 된다.

사랑과 정욕의 차이

이제 저는 육체의 유혹에 쉽게 굴복하고 영혼을 타락시켰던 제 사춘기 시절을 되돌아봅니다. 당시에 저는 감각적인 쾌락에 온몸을 불태웠고 강렬한 성적 유혹에 거침없이 빨려 들어갔습니다. 제게 기쁨을 가져다주는 유일한 욕망은 사랑하고 사랑받는 일이었습니다. 그러나 마음과 마음을 나누며 우정의 길을 밝게 비추는 진정한 사랑이 아닌 허황된 육체의 유혹이 먹구름처럼 제 앞을 가렸습니다. 저는 맑고 고요한 사랑과 어둡고 은밀한 욕정을 구분하지 못했고 나약한 젊음은 욕망의 골짜기에 굴러 떨어져 악의 소용돌이에 휩쓸려 갔습니다. 하느님의 노여움이 저를 짓눌렀지만 저는 전혀 깨닫지 못했습니다. 저는 하느님 당신으로부터 아주 멀리 떠나 있었고 당신은 제 악행을 그대로 버려두었습니다.

이때 누군가가 제 무질서를 막고 쾌락으로 달려가는 욕망에 한계를 그어 주었더라면 제 젊음의 폭풍은 잔잔하게 가라앉았을 겁니다. 그리고 하느님의 율법대로 자식을 낳고 키우며 결혼 생활로 승화된 올바른 삶을 살았을 것입니다.

그러나 불행하게도 저는 당신을 저버리고 몰아치는 육체적인 충동에 몸을 맡겼습니다. 하느님 율법의 한계를 넘어선 제가 어찌 당신의 채찍을 피할 수 있겠습니까? 당신은 항상 우리와 함께하시며 사랑으로 우리의 잘못을 벌하십니다. 또한 잘못된 쾌락 속에 쓰디쓴 맛을 불어넣어 우리가 타락하지 않고 진정한 기쁨을 누릴 수 있도록 인도하십니다.

열여섯 살 애송이 시절에 저는 도대체 어디에 있었습니까? 하느님의 행복한 집에서 멀리 떠나 저를 휘두르는 강렬한 욕정에 몸을 내맡기고 살았습니다. 제 가족들은 육체의 나락으로 곤두박질치는 저를 결혼을 통해서 구제해 보려고 애쓰지도 않았지요. 오직 제가 쓸모 있는 연설법을 배워 사람들을 잘 설득하는 웅변가로 성공하기를 바랄 뿐이었습니다.

부모님의 욕망

열여섯 살 때 저는 어려운 가정 형편 때문에 학업을 잠시 중단해야 했습니다. 마다우라에서 문학과 웅변술을 배우다가 고향으로 돌아와 1년 정도 쉬었지요. 타가스테의 소시민에 불과했던 아버지는 저를 다시 카르타고로 유학 보내기 위해 힘들게 돈을 모으고 있었습니다. 아버지에게는 돈보다 자식의 출세가 더 중요했습니다. 사람들은 형편이 넉넉지 않은데도 자식을 유학시킬 준비를 하는 아버지를 높이 치켜세웠습니다. 당시에는 우리보다 부유해도 자식의 공부를 위해 그렇게 애를 많이 쓰는 집이 드물었습니다.

아버지는 제 순결이나 영혼에는 별 관심이 없었고 육체적으로 제가 어른이 되고 있음을 기뻐하면서 오직 실력을 갖추어 출세하기만을 바랐습니다. 그 시절 정욕의 가시덤불이 제 머리 위에 무성하게 자라고 있었지만 이를 뽑아 주는 사람은 아무도 없었습니다. 출세에 눈이 먼 아버지는 술에 취해 창조주 하느님을 잊고 하느님 대신 하찮은 피조물들에 눈이 먼 것 같았지요. 하지만 하느님 당신은 제 어머니의 가슴속에 당신의 거룩한 성전을 짓기 시작했고 그 안에서 어머니는 두려움을 느끼고 계셨습니다. 저는 아직 세례를 받지 않았지만 어머니는 혹시 제가 하느님께 등을 돌리고 하느님을 배반하는 사람들처럼 잘못된 길을 걸을까 봐 매우 염려하셨습니다.

어머니는 아들을 걱정스럽게 지켜보며 "간음하지 말아라. 그리고 무엇보다도 다른 사람의 아내와 간통해서는 안 된다."라고 조용히 충고했습니다. 그때 어머니의 말씀은 제 마음속 깊이 와 닿지 않았고 저는 그것이 하느님께서 제게 주신 충고임을 미처 깨닫지 못했습니다. 당신은 오직 침묵하고 계실 뿐 어머니 혼자서 하시는 말씀으로만 알았습니다. 저는 당신의 종인 어머니를 무시함으로써 결국 지극히 높으신 당신을 무시하고 말았습니다.

저는 맹목적으로 돌진했고 악행을 통해 쾌감을 얻으며 친구들로부터 비뚤어진 찬사를 듣고 싶어 했습니다. 친구들은 순진무구한 행동을 보이면 비굴하다고 멸시했기 때문에 제가 저지르지도 않은 악행까지 제가 했다고 거짓말을 한 적도 있습니다. 그리하여 나쁜 친구들과 한 패거리가 되어 바빌론(《성경》에 나오는 타락의 도시)의 거리를 쏘다녔고, 마치 값비싼 향료나 향유 위에 뒹굴 듯 환락의 진흙탕 속을 뒹굴었습니다. 저는 유혹에 약했고 보이지 않는 적들에 이끌려 바빌론의 한복판에 단단히 묶여 버렸습니다.

부모님은 제가 야심을 품고 오직 출세를 위한 공부만 하기를 바랐습니다. 어머니도 출세에 필요한 공부가 나중에 하느님께 돌아오는데도 도움이 되리라 믿었습니다. 부모님이 이런 식으로 저를 대하셨기 때문에 저는 마음껏 방탕한 생활에 젖을 수 있었고 타락한 만큼 저를 짓누르는 고통 또한 커져 갔습니다. 두꺼운 안갯속에 가로막힌 저는 빛나는 당신의 얼굴을 보지 못하고 음습한 어둠의 그늘 속을 헤 맸습니다.

배 도둑질

　그 시절 우리 집 포도밭 근처에 배나무가 한 그루 있었습니다. 그 나무에는 배가 많이 열려 있었는데 따 먹고 싶은 충동이 생길 만큼 맛깔스런 배는 아니었지요. 그런데 어느 날 밤 저는 못된 친구들과 어울려 나무를 마구 흔들어 배를 땄습니다. 당시 우리 패거리들은 밤 늦게까지 광장을 돌아다니면서 빈둥거리고 노는 습관이 있었지요. 우리는 배를 잔뜩 따서 도망쳐 나왔지만 몇 개 먹지도 않고 돼지에게 몽땅 던져 주고 말았습니다. 나쁜 짓인 줄 알면서도 재미 삼아 이런 죄를 저질렀습니다.

　제가 즐기려고 했던 것은 훔친 물건이 아니라 도둑질 그 자체였습니다. 저는 훔친 물건보다 더 좋은 물건도 많이 가지고 있었지만 도둑질을 하고 싶다는 마음을 충족시키기 위해 이것을 즐겁게 실행했

습니다. 배를 훔친 것도 허락되지 않은 일을 저지르고 싶은 충동과
그 쾌감 때문이었습니다. 어떤 목적이 있어서 죄를 저지른 것이 아니
라 죄 자체를 즐기기 위해 죄악을 서슴지 않았던 저는 정녕 사악함으
로 가득 차 있었던 것입니다.

오, 하느님, 제 마음의 심연을 보시고 저를 불쌍히 여기소서. 당신
께 뼈저리게 참회하고 고백합니다. 악한 마음 이외에 제가 악을 저지
르게 된 다른 동기는 아무것도 없습니다. 저는 사악함을 사랑하고 자
기 파괴를 즐겼습니다. 타락한 제 영혼은 파멸의 구렁텅이에 빠져 있
어도 부끄러움조차 몰랐습니다.

악은 선을 흉내 내지만

사람들은 왜 범죄를 저지를까요? 세상의 모든 일들은 나름대로의
매력이 있습니다. 명예든 우정이든 복수든 각기 그럴듯한 매력과 즐
거움이 있기 때문에 우리 마음은 그것들에 유혹당합니다. 인간들은
이런 세속적인 것들이 지니는 저급한 즐거움과 매력에 끌려 살아가고
이 때문에 죄도 저지르게 됩니다. 사랑이든 절도든 복수든 혹은 살인

이든 대부분의 행위는 자기 욕망을 채우려는 욕심에서 이루어지지요.

열여섯 살 때 절도죄를 저지르면서 제가 추구한 것은 도대체 무엇이었을까요? 진실로 하느님께 묻고 싶습니다. 배 도둑질을 하면서 저는 대체 어떤 즐거움을 얻으려 했을까요? 하느님의 율법을 어기는 짓으로부터 어떤 쾌락을 느꼈을까요?

인간은 다른 사람으로부터 숭배 받고 영광을 얻고자 야심을 품지만 하느님만이 모든 피조물로부터 영원히 숭배 받고 영광을 얻을 수 있습니다. 주님의 권능으로부터 누가 감히 벗어날 수 있겠습니까? 악은 종종 선을 가장하고 흉내를 내 보지만 진정한 아름다움과 선은 오직 주님의 품 안에서만 이루어집니다. 달콤한 유혹이 사랑을 불러일으키는 듯하지만 주님의 자애로움보다 더 달콤한 것은 없습니다. 모든 것을 초월해서 아름답게 빛나는 당신의 진리보다도 더 빛나는 것은 없습니다. 게으름이 휴식처럼 보일 수 있지만 영원한 안식처이신 하느님을 떠나서는 어떤 안식도 없습니다. 낭비가 넉넉한 인심으로 비칠 수 있지만 하느님만이 오직 아낌없이 풍성하게 나누어 줄 수 있습니다. 인간들은 서로 자기의 우월함을 내세우며 다투고 시기하지만, 하느님보다 더 우월하고 높은 분이 어디에 있겠습니까?

그러므로 인간의 영혼이 주님을 떠나 주님 바깥에서 어떤 순수함과 깨끗함을 찾으려 할 때 오히려 악행이 나타납니다. 당신을 떠나고 당신을 거역하면서 스스로 교만해진 인간은 하느님을 잘못 흉내 내고 있습니다. 악이 선을 가장한 것입니다. 그들은 만물의 창조주이신 당신을 저버리고서는 어디에도 갈 곳이 없음을 곧 고백하게 될 것입니다.

오, 사랑하는 주님, 당신은 그 많은 제 죄악을 용서하시고 사랑과 은혜로써 제 죄를 얼음처럼 녹여 주셨습니다. 제가 알게 모르게 지은 모든 죄까지도 주님은 용서해 주셨습니다. 한때 병자였던 저를 의사와 같은 손길로 따뜻하게 치유해 주셨습니다.

비뚤어진 우정

배 도둑질을 하면서 저는 더욱 비참한 존재가 되었습니다. 그 당시 제 마음이 어땠는지 아직도 생생하게 기억이 납니다. 아마도 저 혼자였다면 결코 그런 악행을 저지르지 않았을 것입니다. 함께 어울리는 패거리들이 있었기에 저는 그런 못된 행동을 서슴없이 저지를 수 있었지요. 제가 진정 배를 원했더라면 비록 나쁜 짓이라 해도 저 혼자 일을 저질러 만족을 구했겠지요. 굳이 친구들과 함께 죄를 저지르면서 쾌감을 나누고 제 탐욕에 불을 지필 이유가 없었습니다. 제가 즐긴 것은 훔친 과일이 아니라 패거리들과 어울려 저지르는 죄였던 것입니다.

그때 제 마음은 어땠을까요? 참으로 부끄럽고 비참한 일입니다. 우리들은 사람들을 속이고 그들을 분통 터지게 만든 다음 신나서 함께 웃고 떠들곤 했습니다. 그토록 신나는 일을 왜 저는 혼자 하지 않았을까요? 분명 저 혼자서는 그런 짓을 못했을 것입니다. 아니 절대로 하지 않았을 겁니다. 저를 신나게 만든 것은 훔친 물건이 아니라 친구들의 왁자지껄한 분위기에 휩쓸려 덩달아 저지르는 악행이었습니다. 혼자서 그런 짓을 했더라면 그토록 즐겁지는 않았겠지요. 아, 얼마나 이상한 유혹이며 잘못된 우정이었던가요. 비뚤어진 우정은 매우 위험한 적입니다. 이해관계에 얽혀 있거나 복수를 해야 할 그런 상황도 아닌데 저는 오직 친구들과 즐기기 위해 남에게 못된 짓을 일삼았습니다. 저와 제 친구들은 파렴치한 짓을 하지 못함을 오히려 부끄럽게 여기는 어처구니없는 존재들이었습니다.

주님, 누가 이렇게 얽히고 헝클어진 매듭을 풀어 줄 수 있을까요? 순결하며 정의로운 하느님만이 해낼 수 있으니 저는 오직 당신을 따르겠습니다. 당신을 통해 참다운 마음의 평화와 영원한 생명을 누리고 싶습니다. 최고의 선이신 주님의 품 안에서 가장 선한 마음을 얻고 싶습니다. 저는 젊은 시절에 당신을 멀리 떠나 헤매었으며 스스로를 황폐한 땅에 가두어 놓았습니다.

제3권 키케로와 마니교의 매력

공부를 중단하고 고향에서 쉬던 아우구스티누스에게 새로운 기회가 열렸다. 타가스테의 부유한 시인의 도움으로 카르타고로 유학을 가서 고등교육을 받을 수 있게 된 것이다. 이제 그의 인생은 새로운 전환기를 맞이한다.

북아프리카의 중심지요 항구 도시인 카르타고는 지중해 연안 각지에서 사람들이 모여들어 경제적으로나 사상적, 종교적으로 활기에 넘쳤다. 그곳에서 아우구스티누스는 새로운 학문과 종교를 만났고 스스로 생계를 해결하면서 독립된 생활 기반을 마련한다.

제3권은 아우구스티누스가 열일곱 살에서 열아홉 살까지 카르타고에서 보낸 초기 청년 시절에 대한 이야기다. 370년 열일곱 살에 카르타고의 수사 학교에 들어간 아우구스티누스는 스물아홉 살이 될 때까지 가장 혈기 왕성했던 시기를 카르타고에서 보냈다. 그곳에서 아우구스티누스는 한 여인과 동거를 하고 아들을 얻게 되면서 정욕의 문제를 비롯한 인간적인 문제로 갈등을 많이 겪지만, 고전 학문을 접하면서 새로운 사상과 신앙에 눈뜨게 된다.

열아홉 살 때 아우구스티누스는 당시 수사학의 필수 교과로 손꼽히던 키케로의 저서를 읽고 엄청난 지적 충격을 받는다. 키케로의 책 《호르텐시우스》는 지금은 남아 있지 않지만 아우구스티누스의 저서들 곳곳에서 언급되고 있는데, 그 주요 내용은 철학을 권장하는 것이었다. 이 책은 아우구스티누스에게 행복은 육체적 만족이 아니라 진리의 발견에 있음을 가르쳐 주었으며 철학적이고 윤리적인 삶의 중요성을 일깨워 주었다. 이 책에 자극받은 아우구스티누스는 성서에 의도적으로 관심을 기울여 보지만, 당시 그에게 성서는 설득력을 발휘하지 못했다.

대신 그는 선과 악의 문제를 심각하게 고민하다가 선악 이원론을 주장하는 마니교에 빠져든다. 마니교는 일시적으로나마 자신이 저지른 악한 행실에 대한 고민을 풀어 주고 위로해 주는 역할을 했다. 마니교에 의지하면서 아우구스티누스는 어느 정도 죄책감에서 벗어났고 그 후 9년여 동안 마니교를 신봉하며 친구들에게 마니교를 전파하기도 했다. 《고백록》 제3과 제4권에서 아우구스티누스가 마니교를 신랄하게 비판하는 모습을 볼 수 있는데, 이는 아우구스티누스가 그동안 마니교에 얼마나 깊이 빠졌던가를 역설적으로 보여 준다.

한편, 뒤늦게 기독교 신자가 된 아우구스티누스의 아버지는 아들이 카르타고로 유학 가던 그해에 세상을 떠났다. 홀로된 어머니는 아들이 마니교에 빠지자 아들을 기독교로 개종시키기 위해 날마다 뜨거운 눈물을 흘리며 기도를 올린다. 마침내 꿈속에서 하느님의 응답을 듣고 그녀는 아들이 결국에는 기독교로 마음을 돌릴 것이라 확신하게 된다.

카르타고에서의 생활

저는 마침내 카르타고에 왔습니다. 제 주변에는 온통 비뚤어진 사랑들이 뜨거운 프라이팬처럼 들끓으며 아우성치고 있었습니다. 아직 사랑에 빠지진 않았지만 저 역시 사랑을 갈망했습니다. 제 초라한 마음은 깊은 곳에서부터 사랑할 대상을 찾아 헤매었습니다.

하느님 당신은 참된 마음의 양식이지만 저는 당신을 떠나 홀로 굶주리고 있었음에도 썩지 않는 영원한 양식을 구하려고 애쓰지도 않았습니다. 굶주릴수록 진정한 양식을 구하는 마음은 사라지고 제 영혼은 감각적인 세계로 빠져들며 더욱 피폐해져 갔습니다. 사랑하고 사랑받는 일은 제게 큰 즐거움이었고 연인의 몸을 즐기는 것은 더욱 달콤하고 매혹적이었습니다. 그리하여 저는 맑고 깨끗한 우정의 샘을 더러운 정욕으로 흐려 놓았지요. 그럼에도 제 마음은 허영과 과시욕에 가득 차서 추하고 거짓된 모습을 숨기고 겉으로는 점잖고 고상하게 보이기 위해 애를 썼습니다. 하지만 하느님은 욕망의 달콤함 속에 쓰디쓴 고통을 숨겨 두셨습니다. 쾌락 뒤에 질투와 의심, 공포와 분노의 고통을 겪도록 하셨습니다.

저는 연극에도 사로잡혔습니다. 연극은 제 비참한 모습을 잘 보여주었고 타오르는 정욕의 불길을 더욱 부채질했습니다. 사람들은 몸소 비극을 겪으려 하지는 않지만 배우의 연기에 감동하면서 비극을 즐기고 비극에서 어떤 쾌감을 맛보곤 합니다. 이 얼마나 가련한 짓입니까? 관객은 슬픔에 젖을수록 배우들에게 갈채를 보내고 슬픔을 주지 않으면 불평을 하면서 극장을 나가 버립니다.

그렇다면 인간들이 진정 눈물과 고통을 좋아하는 걸까요? 사실 불행과 고통을 원하는 사람은 아무도 없습니다. 하지만 사람들은 불행을 당한 이들에 대해서는 기꺼이 동정심을 느끼려 하지요. 이렇게 동정심은 고통을 떠나서 존재할 수 없기 때문에 사람들이 고통과 눈물을 좋아하게 된 것입니다. 사실 이런 동정심은 우정과 같은 순수한 마음에서 나옵니다. 하지만 동정심은 상대방의 불행을 전제로 하기 때문에 수치스런 이면을 갖고 있습니다. 그러므로 눈물과 고통은 적당히 필요하지만 숭고하신 하느님 앞에서 우리가 추해지지 않도록 조심해야 합니다.

저는 연극 속의 연인들과 함께 웃고 울었습니다. 그들이 서로 행복하면 함께 즐거워했고 헤어지면 동정심으로 함께 슬퍼했습니다. 저는 그들의 고통과 눈물을 즐기면서 제게도 그런 슬픔을 안겨다 줄 어떤 것을 찾아 헤맸습니다. 비록 무대에서 가상으로 연출된 비극이라 할지라도 저는 그 슬픔에 매혹당했습니다. 저는 하느님의 품을 떠나서 길을 잃고 헤메는 한 마리 양이 되어 추악하게 오염돼 가고 있었지요. 제가 그런 슬픔과 고통을 좋아한 것은 스스로가 무대의 주인공처럼 직접 그런 고통을 겪고 싶어서가 아닙니다. 단지 그런 이야기를 듣고 고통을 상상하면서 제 감정을 표면적으로 즐기고 싶었던 것이지요. 하지만 그것은 더러운 손톱으로 제 영혼을 할퀸 것처럼 염증을 남기고 곪아 터진 상처를 깊이 남겼습니다. 오, 하느님, 당시 제 생활이 어찌 진정한 삶이라고 할 수 있을까요?

(여기서 아우구스티누스는 〈요한1서〉 2:16에 기초하여 죄악을 세 가지 범주로 나누고 있다. 그것은 육체적이고 관능적인 욕망, 자랑하고 과시하려는 욕망, 눈으로 보고 싶은 호기심의 욕망이다. 이 세 범주에 따라 자신이 젊은 시절에 저지른 죄악들을 돌아보고 있다. 이 책 제3부 참조.)

저는 언젠가 엄숙한 예배가 진행되고 있는 교회에서 정욕에 불타오른 나머지 한 소녀를 유혹하여 죽음의 열매를 맺을 수도 있는 사건을 저지르고 말았습니다. 그래서 하느님은 저에게 무서운 벌을 내리셨지만 그 벌은 제 심각한 죄악에 비하면 아무것도 아니었습니다. 오, 자비로운 하느님, 저 무서운 죄악에서 우리를 구원하시는 하느님, 저는 죄악의 구렁텅이에서 정신없이 헤맸고 당신의 길에서 아주 멀리 벗어나 제 길을 고집하며 도망자의 자유를 즐겼습니다.

당시 저는 수사 학교에서 수석을 달리면서 성공에 기뻐 날뛰고 교만으로 가득 차 있었습니다. 주님도 아시다시피 저는 다른 학생들에 비해 꽤 조용했고 난폭한 친구들과는 차원이 달라 보였습니다. 하지만 실제로 저는 그런 무리들과 어울리며 조금도 부끄러운 줄 몰랐고 그들 무리에 끼지 못하면 오히려 부끄러워했지요. 사실 저는 난폭한 짓을 싫어하는데도 그런 친구들과 사귀면서 우정이라는 이름으로 그것을 즐기곤 했습니다. 그 녀석들은 수줍음 타는 신입생들을 이유 없이 때리고 괴롭히면서 지독한 장난을 쳤습니다. 이런 행동보다 더 나쁜 악행은 없을 것입니다.

키케로와의 만남

아직 유혹에 물들기 쉬웠던 그 시절에 저는 웅변술을 공부했습니다. 돈과 출세라는 헛된 영광을 꿈꾸며 뛰어난 웅변가가 되리라 마음먹었습니다. 그 과정에서 필수 학습서로 지정된 키케로의 책 《호르텐시우스》를 읽었지요. 키케로는 세상에서 널리 칭송받는 인물로 그 책은 철학을 탐구하라고, 다시 말해 '지혜를 사랑하라.'고 권하고 있습니다.

《호르텐시우스》를 읽고 나서 저는 엄청나게 변했습니다. 그 책은 제게 새로운 가치관을 갖도록 자극했고 마음을 돌이켜 주님께 기도하게 만들었습니다. 마치 난파선을 구하러 달려온 구조자와 같았다고 할까요. 그동안 제가 추구해 온 헛된 욕망들이 갑자기 사라졌고 믿기 어려울 만큼 제 마음은 불멸의 지혜를 갈망하게 되었습니다. 영원한 진리이신 하느님께 돌아가기 위해 마침내 저는 일어서기 시작했습니다. 그때 저는 열아홉 살로 아버지는 2년 전에 돌아가셨고 어머니가 홀로 돈을 벌어 제 공부를 밀어주고 계셨습니다.

오, 주님, 저는 그때 지상의 온갖 번뇌에서 벗어나 당신에게 날아가고자 얼마나 열망했는지 모릅니다. 진실로 지혜는 당신에게 있습니다. 그리스어로 철학(philosophia)이란 지혜를 사랑한다는 뜻입니다. 이 책은 지혜를 사랑하도록 이끌었고 저는 깊은 철학이 담긴 키케로의 글에 사로잡혔습니다. 키케로의 충고대로 저는 특정 학파에 기울지 않고 지혜 자체를 사랑하고 탐구하고 포용하고자 노력했습니다.

한 가지 아쉬운 것은 키케로의 글에는 하느님의 이름이 나오지 않는다는 것이었습니다. 아무리 훌륭한 책이라 할지라도 당신의 이름을 새기지 않는다면 저를 완전히 사로잡을 수 없습니다. 그래서 저는 성경으로 눈을 돌려 보기로 했습니다. 그러나 교만한 자들은 결코 성경을 이해할 수 없습니다. 성경은 얼핏 쉬운 듯 보이지만 그 안에는 태산같이 심오한 뜻이 담겨 있습니다. 그 당시 저는 성경의 깊은 뜻을 올바로 파악할 수 없었고 그 말씀에 고개 숙일 만큼 겸손하지도 못했습니다.

지금처럼 깨닫지도 못했고 키케로의 웅변에서 느꼈던 뛰어난 가치도 느끼지 못했습니다. 교만했던 저는 성경의 소박한 문체를 얕잡아 보고 그 깊은 의미를 꿰뚫어 보지 못했습니다. 성숙한 사람일수록 성경으로부터 깊은 의미를 느낍니다. 저는 보잘것없는 초심자 주제에 마치 성숙한 신자인 양 교만의 헛된 바람에 부풀어 있었습니다.

마니교에 빠지다

그런 가운데 저는 매우 교만하고 수다스런 마니교도들에게 유혹당하고 말았습니다. 그들은 하느님과 우리 주 예수 그리스도와 성령을 들먹거리면서 악마와 같은 유혹의 덫을 놓았습니다. 그들은 항상 이런 성스러운 이름을 부르지만 그것은 혀끝에서만 구르는 소리일 뿐 정작 그들의 마음은 진리를 떠나 있었지요. 아무리 진리 타령을 해도 진리는 그들 안에 없었습니다.

마니교도들은 방황하는 저를 위해 환상적인 식탁을 차렸고 저는 그 음식이 하느님의 양식인 줄 알고 기꺼이 받아먹었습니다. 그러나 그것은 당신의 양식과 조금도 닮지 않았고 저는 거기서 참된 영양분을 얻지 못한 채 결국 기운을 더 잃고 말았습니다.

하느님 당신은 우리가 볼 수 있는 육체적인 형상도 아니며 우리가 볼 수 없는 저 먼 곳에 계시는 존재도 아닙니다. 당신은 육체와 영혼을 초월한 모든 생명의 생명이시며 영혼의 생명으로 영원히 변하지 않으십니다. 그때 당신은 어디쯤에서 저를 지켜보고 계셨습니까? 저는 당신으로부터 멀리 떠나 방황했기에 돼지의 밥찌꺼기조차 얻어먹지 못할 만큼 굶주림에 시달렸습니다.

마니교도들은 다섯 가지 요소를 다섯 개의 암흑의 동굴과 연관시켜 말했습니다. 사실 그것은 실체가 없고 믿는 사람들을 죽음으로 몰고 갈 뿐입니다. 그런데도 저는 당시에 그 말을 믿고 차례차례 지옥의 밑바닥으로 끌려 들어갔습니다. 저는 진리를 갈구하면서 애타게 하느님을 찾았지만 지혜로써 당신을 구하지 않고 육신의 감각으로 당신을 찾아 헤맸습니다. 당신은 제 안의 깊은 내면보다 더 깊은 곳에 계셨고 제가 닿을 수 있는 높이보다 더 높은 곳에 계셨습니다.

(마니교는 빛과 어둠, 선과 악을 이원적으로 구분하고 이들을 대립된 실체로 보면서 악의 원리가 잘못 작동하여 세계가 혼란하다고 주장한다. 따라서 인간이 죄를 짓는다기보다 악한 요인들이 우리를 죄에 이끌리게 만든다고 해석한다. 어둠의 왕국은 다섯 가지 나쁜 동굴, 즉 연기, 악한 불, 악한 바람, 암흑, 열풍, 구름들로 이루어져 있는데 이것들을 가지고 빛의 세계를 침략한다. 빛의 왕국은 다섯 가지 좋은 요소인 빛, 물, 바람, 불, 공기로 무장해 어둠의 왕국의 침입을 막아 낸다. 이 두 왕

국이 싸우면서 형성된 것이 세상이기 때문에 세상에는 선과 악, 빛과 어둠이 공존하고 있다고 말한다.)

저는 참다운 존재를 깨닫지 못해 어리석은 사기꾼인 마니교도들이 "악은 어디서 오느냐?"라고 물으면 전혀 대답하지 못하고 그들의 말에 설득되고 말았습니다. 마니교에 깊이 빠지면서 저는 참된 진리로부터 더욱 멀어져 갔지만 드디어 진리에 다가가고 있다고 착각했습니다. 악이란 선의 결핍일 뿐 그 자체로 따로 존재하는 것이 아니라는 사실을 저는 당시에 전혀 몰랐습니다. 그저 눈에 보이는 것만을 보고 환상만을 쫓던 제가 어찌 그런 위대한 진리를 알 수 있었겠습니까?

저는 하느님의 율법에 의해 심판되는 정의도 몰랐습니다. 인간의 정의는 시간과 공간의 제약을 받지만 하느님의 정의는 시공을 초월하여 언제나 변함이 없습니다. 하지만 하느님은 근본적으로 변하지 않는 정의를 시대와 상황에 따라 다르게 명령하십니다. 저는 그것을 몰랐습니다. 우리는 겸허하고 경건한 마음으로 당신에게 돌아가야 합니다. 당신은 우리를 못된 습관에서 벗어나게 하시고 자비로써 죄를 없애시며 스스로 옭아맨 질긴 사슬에서 우리를 구원하십니다.

어머니의 눈물과 꿈

제 어머니 모니카는 마니교에 빠져 허우적대는 아들을 위해 눈물로 기도했습니다. 어머니의 넘쳐흐르는 눈물이 땅을 적실 때 주님은 그 눈물을 거두시고 어머니의 기도를 들어주셨습니다. 주님은 구원의 손길을 펴시어 제 영혼을 그 어두운 수렁에서 구해 주셨습니다.

주님은 어머니의 꿈속에 나타나 그녀를 위로하셨지요. 어머니는 당신의 꿈 이야기를 제게 들려주었습니다. 하루는 어머니가 슬픔에 잠겨 나무로 만든 자(나무 자는 고대 교회에서 이단을 구별하는 신앙의 기준을 상징한다.) 위에 서 있는데 어떤 젊은이가 미소를 지으며 다가와 왜 그렇게 날마다 눈물로 지새느냐고 물었습니다. 어머니가 아들이 죄악으로 멸망하고 있다고 대답하자 그는 어머니에게 안심하라고 말하며 어머니가 계신 곳에 아들이 함께 있다고 말해 주었습니다. 어머니가 주변을 둘러보니 정말 나무 자 위에서 어머니와 제가 함께 서 있었다고 합니다. 주님께서 어머니의 말씀에 귀를 기울이지 않았다면 어머니가 어찌 이런 꿈을 꿀 수 있었겠습니까?

어머니의 꿈 이야기를 듣고 저는 "어머니도 저처럼 바뀔 수 있으니, 마니교에 빠진 제 모습에 어머니가 조금도 절망할 필요가 없다는 뜻입니다."라고 말하며 그 의미를 왜곡하려 했지요. 그러자 어머니는 조금도 주저하지 않고 "아니다. 꿈속에 나타난 젊은이는 아들이 있는 곳에 어머니도 있다고 한 것이 아니라 어머니가 있는 곳에 네 아들도 서 있다고 했단다."라고 대답하셨지요.

꿈을 꾸신 뒤부터 어머니는 저를 내치신 것에 대해 후회하면서 저를 다시 집에 들어와 살게 하고 밥도 함께 먹도록 허락했습니다. 이전에 어머니는 제 엇나가는 행동들을 아주 못마땅하게 여겨서 저와 제 가족을 받아 주지 않았습니다.

(아우구스티누스는 카르타고에서 공부하는 동안 한 여인과 동거하며 아들을 낳았다. 카르타고에 머물던 도중에 아우구스티누스는 이들을 데리고 잠시 고향인 타가스테로 온 적이 있었다. 어머니는 마니교에 빠진 아들에 절망한 데다 이상한 여인과 손자까지 집에 나타나자 너무나 충격을 받고 이들을 집안에 들이지 않았다. 이때 아우구스티누스는 임시로 다른 곳에서 살았다고 한다.)

오, 주님께 고백합니다. 저는 어머니의 꿈을 통해 당신이 응답을 보내 주신 데에 깊이 감동받았습니다. 꿈을 통해 주님은 어머니가 겪고 있는 괴로움을 위로하고 앞으로 다가올 기쁨을 예고하셨습니다. 어머니는 그 꿈의 의미를 명백히 알고 계셨습니다. 사실 저는 그 후에도 약 9년간 마니교의 진흙탕 속을 뒹굴며 어둠 속을 헤매다가 나중에야 기독교로 마음을 돌렸기 때문입니다. 경건하고 침착한 어머니는 희망의 끈을 놓지 않았고 눈물과 탄식 속에서도 저를 위해 애절한 기도를 계속 드렸습니다.

이때 주님은 어떤 사제를 통해 어머니에게 또 다른 대답을 하셨습니다. 어머니는 신앙심이 두터운 사제를 찾아가 아들의 잘못을 털어놓고 그를 악의 구렁텅이에서 구해 줄 것을 간절히 요청했습니다. 그 사제는 "아들을 당분간 그대로 놔두십시오. 그리고 아들을 위해 오직 주님께 간절히 기도하십시오. 책을 읽어 가면서 그는 자신의 잘못과 불경함이 얼마나 컸는지 깨닫게 될 것입니다."라고 말하며 어머니의 요청을 거절했지요. 그는 제가 그때 마니교에 얼마나 심취해 있는지, 또 고집 센 저를 타일러 봐야 당시로서는 별 효과가 없으리란 것까지 현명하게 알고 있었던 것입니다. 게다가 그 사제도 어릴 적에 자기 어머니 때문에 마니교를 믿은 적이 있었고 마니교 책을 읽고 베끼기까지 했다고 말했습니다. 하지만 어떤 강요나 설득 없이도 스스로 마니교의 부당함을 알고 거기서 벗어났다고 말했습니다. 그래도 어머니가 계속 아들을 만나 설득해 달라고 간청하자 사제는 "자, 이제 돌아가시지요. 부모의 눈물로 키운 자식은 결코 멸망하지 않습니다."라고 충고했습니다. 그 후 어머니는 가끔 지난날을 회상할 때마다 그때 사제의 대답이 마치 하늘에서 들려온 음성 같았다고 말했습니다.

Manichee and Astrologer

제4권 마니교도와 점성술사

제4권은 아우구스티누스가 열아홉 살에서 스물여덟 살까지 약 9년간
의 삶을 회고하는 내용이다. 아우구스티누스는 열일곱 살에 카르타고에
유학 가서 스물아홉 살이 되기까지 오랫동안 카르타고에 머물렀고 중간
에 약 2년간만 고향에 돌아와 생활했다. 고향에서 잠시 수사학을 가르치
며 지내는 동안 아우구스티누스는 마니교뿐 아니라 점성술에 빠지기도
했다.

고향인 타가스테에서 아우구스티누스는 두 가지 큰 사건을 겪는다. 하
나는 친구 알리피우스와의 만남이었고 다른 하나는 한 친구의 갑작스런
죽음이었다. 친구의 죽음도 충격이었지만 그 친구가 죽기 전에 마니교를
버리고 기독교로 돌아섰다는 사실에 아우구스티누스는 심한 배신감과
자책감을 느낀다. 고향에 돌아와서 얻은 것은 포근함보다는 여러 가지
슬픔과 충격이었다. 그 모두를 잊기 위해 아우구스티누스는 다시 고향을
떠나 카르타고로 가서 수사학 교사로 활동했지만 그 시절에 그는 정신적
으로 불안정한 상태였다.

카르타고는 로마 제국 제2의 도시로서 정치·경제·문화의 중심지였고 그곳에서 아우구스티누스는 출세와 돈을 추구할 뿐 영적인 삶에 이르지 못했다.

이 시절에 아우구스티누스는 그의 인생에서 중요한 두 친구 알리피우스와 네브리디우스를 얻는다. 이들은 처음에 아우구스티누스의 제자였지만 나중에는 아우구스티누스의 진정한 친구이자 삶의 훌륭한 동반자가 된다.《고백록》곳곳에서 아우구스티누스는 알리피우스의 훌륭한 인격과 우정에 대해 기록해 놓았다. 다른 한 친구 네브리디우스는 진리와 지혜를 추구하는 데 남다른 열정을 지녔는데 아우구스티누스와 밀라노에도 동행했다. 그는 아우구스티누스가 하느님께 마음을 돌리기까지 늘 함께 있었고 아프리카로 함께 귀향했다. 아우구스티누스의 삶에 커다란 영향을 끼쳤던 네브리디우스는 아우구스티누스가 히포의 주교가 되기 1년 전인 390년에 일찍 세상을 떠나고 만다.

욕망과 유혹

열아홉 살부터 스물여덟 살까지 약 9년간은 제가 여러 가지 욕망에 사로잡힌 채, 속고 속이며 또 유혹하고 유혹당하며 살았던 시간이었습니다. 공적으로는 교양 과목(당시의 교양 과목은 문학이나 수사학,

논리학, 산수, 기하학, 음악, 천문학 등이었는데, 교양 있는 신사들이 갖추어야 할 내용이었기 때문에 교양 과목이라고 불렸다.) 교사로 일하면서 거만하게 굴었고, 사적으로는 당국의 눈을 피해 사악한 마니교(당시 마니교는 이단으로 규정되어 포교가 금지된 상태였다.)를 신봉하면서 헛된 나날을 보냈습니다.

그 시절에 저는 수사학을 가르쳤는데 그것은 말로써 타인을 굴복시키는, 어찌 보면 타인을 속이는 기술입니다. 저는 그 기술을 팔아 명성을 얻고자 했습니다. 그러나 저는 정직한 학생들을 두고 싶었기 때문에 학생들을 속이지 않고 수사학이라는 속임수만 가르쳤지요. 이 기술을 가지고 죄 없는 사람은 해치지 않되, 죄 있는 사람을 구하라는 의미에서 말입니다.

그즈음 제게 한 여인이 생겼습니다. 그녀는 법적인 정식 배우자가 아니라 욕정에 사로잡혀 방황하다가 만난 사람입니다. 하지만 그녀는 제게 유일한 여인이었기에 저는 그녀에게 신의를 지켰습니다. 사실 자식을 낳고 가족을 이루는 정식 결혼과 단순히 성적인 만족만을 위한 결합은 성격이 다릅니다. 자식은 관계를 결정짓는 중요한 요소입니다. 설사 제가 그녀와 정욕 때문에 맺어졌다 하더라도 그녀와의 사이에 자식이 생기자 자식은 물론 그녀 또한 사랑하지 않을 수 없었던 것입니다.

언젠가 극장에서 시 낭송 대회가 있었습니다. 그때 어떤 점쟁이가 제게 우승하도록 도와주면 어떤 대가를 치르겠냐고 물었습니다. 저는 설사 금으로 된 승리의 월계관을 씌워 준다고 해도 승리를 위해 파리 한 마리 죽이고 싶지 않다고 대답했습니다. 점쟁이는 동물을 희생시켜 악마에게 제물로 바치고 그 덕에 제가 승리하도록 만들려 했습니다. 저는 이 악마와 같은 제안을 단숨에 거절했습니다. 하지만 하느님을 사랑하는 마음에서 거절했던 것은 아닙니다. 그때 제 영혼은 하느님을 사랑하는 방법조차 몰랐습니다. 그런데 저는 악마에게 제사 지내는 것은 거절하면서도 마니교라는 미신으로부터 헤어나지는 못하고 있었습니다.

또 점성술에 빠진 적도 있습니다. 점성술사들은 점을 치지만 악마에게 제사를 드리거나 귀신에게 기도를 드리지는 않았기 때문에 저는 그들과 어울려 지냈습니다. 점성술사들은 "우리가 죄를 지은 것은 하늘의 별이 결정한 것이다.", "금성이나 토성, 화성이 한 일이다."라는 등 이상한 말을 곧잘 합니다. 다시 말해 죄는 교만하고 타락한 인간으로부터 비롯된 것이 아니라 하늘과 별을 창조하고 다스리는 하느님에 의해 생겨났다는 것입니다. 물론 참다운 기독교 신앙은 이런 미신을 비판해야 합니다.

그즈음 의술에 탁월해 세상 사람들의 존경을 한 몸에 받는 훌륭한 인물이 있었는데 그는 빈티키아누스입니다. 그는 황제의 주치의로 일하다가 우리 지방의 총독으로 오게 되었지요. 주님께서는 이 사람을 통해 저를 도와주시고 제 영혼을 치료할 소중한 기회를 주셨습니다.

저는 빈티키아누스 총독과 친해지면서 생생하고 깊이 있는 그의 말에 열심히 귀를 기울였습니다. 그는 제가 점성술 관련 책을 읽고 있다는 사실을 알자 그 책들을 당장 버리라고 충고했습니다. 그런 무가치한 일에 시간과 노력을 쏟을 필요가 없다고 하면서 자기도 어릴 때 점성술에 빠져 그것으로 생계를 해결할 궁리까지 한 적이 있다는 말을 했습니다. 하지만 점성술이 완전히 엉터리라는 걸 알고부터 의학에 전념하게 되었다고 했습니다.

"자네는 수사학 교사라는 직업으로 충분히 생계를 꾸릴 수 있지 않은가. 그러니 점성술 공부야 쉬는 시간에 잠시 해 보는 것일지언정 생계를 꾸리기 위해 하는 것은 아닐 것이네. 난 점성술을 완전히 직업으로 삼으려고 공부했던 사람이니 내 말을 진심으로 믿게나."

빈티키아누스는 이렇게 자애롭게 충고했지요.

저는 그에게 왜 점성술의 예언이 제법 잘 들어맞는지 물었습니다. 그는 만물이 본질적으로 가지고 있는 어떤 우연의 힘 때문이라고 답하며 이렇게 말했지요.

"예컨대 어떤 시가 있다고 하세. 그런데 그 시가 시인의 의도와 달리 독자가 새롭게 해석하여 독자의 고민과 딱 들어맞는 경우가 있지 않은가. 그건 결코 놀랄 일이 아니네. 인간의 영혼에는 우리가 알 수 없는 고차원의 본능이 있기 때문에 점치는 사람들 상황에 딱 맞는 답이 나올 수 있지. 따라서 점성술은 천체를 연구해서 나온 기술이 아니고 우연의 일치일 뿐이지."

하지만 당시 저에겐 점성술사들의 권위가 훨씬 강력한 힘을 발휘했기 때문에 빈티키아누스도 저를 설복시키지 못했습니다. 점성술 같은 미신을 애초에 믿지 않았던 맑고 진실한 제 친구 네브리디우스도 저를 점성술로부터 벗어나게 하진 못했지요. 점성술이 우연히 맞혔다는 확실한 증거를 제가 발견할 수 없었기 때문입니다.

친구의 죽음

제가 고향에서 수사학을 가르칠 무렵 함께 공부하던 벗이 하나 있었습니다. 나이도 같고 어릴 때 학교도 같이 다닌 친구였는데 어려서는 그와 덤덤한 관계였지만 나중에 학문을 함께하면서 그와의 우정이 깊어졌습니다. 저는 그에게 깊이 의지했고 그를 마니교에 끌어들였습니다. 하지만 하느님은 우리가 친해진 지 1년도 안 돼 그의 생명을 거두어 가셨습니다.

열병에 걸려 의식을 잃고 누워 있는 친구에게 주변에서 기독교 세례를 받게 했습니다. 저는 그가 무의식 중에 받은 기독교 세례에 별 관심이 없고 오히려 제가 전파한 마니교가 그의 기억에 더 남아 있으리라 생각했지요. 그래서 친구가 잠시 의식을 회복했을 때 제가 세례는 별 대수로운 것이 아니라고 가볍게 말했습니다. 그러자 그 친구는 정색을 하면서 친구로 남고 싶거든 다시는 그런 말을 하지 말라고 충고했지요. 저는 병중에도 기독교를 진정으로 받아들인 그에게 놀라고 실망했지만 감정을 감춘 채 그가 회복된 다음에 그 문제를 다시 의논하려고 했습니다. 하지만 하느님은 친구로서 위안을 삼으려는 제 어리석음으로부터 그를 떼어 놓았고 결국 그를 당신 곁으로 데려갔습니다.

제 마음은 슬픔으로 가득 차서 세상이 온통 죽음으로밖에 보이지 않았고 그와 함께했던 지난날의 기억은 모두 괴로움으로 변했습니다. 온 사방을 둘러봐도 그 친구는 보이지 않고 오직 눈물만이 저를 위로하며 친구 대신 제 영혼을 어루만져 주었습니다.

유한한 목숨에 집착하면 목숨이 사라질 때 결국 비참해집니다. 저는 친구보다도 제 비참한 삶에 더 애착이 갔습니다. 삶이 괴롭고 슬프지만 죽는 것은 두렵다는 상반된 감정이 일어났습니다. 친구를 앗아간 죽음을 원수처럼 증오하고 두려워하게 되었습니다. 오, 희망의 주님, 제 눈을 돌려 당신을 향해 갈 수 있도록 도와주시고 덫에 걸린 제 발목을 빼내 주소서.

절친한 친구를 가리켜 흔히 자기 영혼의 반쪽이라고 하지요. 저 역시 그랬습니다. 반쪽의 영혼을 잃고 반쪽만으로 살아가는 것은 제게 큰 고통이었습니다. 하지만 남은 반쪽마저 사라지면 그 친구가 영영 죽을까 봐 제가 죽음을 원치 않았는지도 모릅니다.

다시 카르타고로

아, 운명을 거스르려고 몸부림치는 어리석은 인간이여! 저는 친구의 죽음에 울부짖으며 괴로워하다가 올바른 생각도 마음의 안정도 찾지 못했습니다. 모든 것이 다 싫었고 제 영혼은 어디에서도 안식을 얻지 못했지요. 오직 주님만이 제 고통의 짐을 덜어 줄 수 있었으련만 저는 그렇게 하려고도 하지 않았고 할 수도 없었습니다. 제겐 하느님에 대한 확고한 믿음이 없었고 어떤 환상으로만 하느님을 이해할 뿐이었습니다. 불행을 스스로 만들어 낸 저는 자신 안에 머물 수도, 그로부터 도망갈 수도 없는 상황에 처해 있었습니다. 어디로 간들 자신으로부터 벗어나겠습니까? 결국 저는 고향을 떠나 카르타고로 돌아왔습니다.

세월이 흐르자 제 마음에도 새로운 희망이 돋고 슬픔도 점차 가라앉기 시작했습니다. 무엇보다 제게 위로가 된 것은 친구들이었지요. 저는 그들과 어울려 하느님 대신 다른 잡다한 것들에 애정을 쏟았지요. 우리는 웃고 이야기하고 서로 가르쳐 주거나 배우면서 삶의 즐거움을 나누었습니다. 눈으로 보고 혀로 말하며 다양한 표정과 동작을 통해 서로 사랑을 나누는 가운데 우리의 영혼은 하나로 똘똘 뭉쳐졌습니다.

하느님을 사랑하고 하느님 안에서 친구를 사랑하고 하느님을 위해 원수조차 사랑하는 사람은 실로 복 받을 것입니다. 모든 것을 사랑하시는 하느님 안에서 모든 것을 사랑하는 사람은 사랑한 것을 하나도 잃지 않기 때문입니다. 인간의 영혼은 하느님께 향하지 않는 한 슬픔과 고통에 잠길 뿐입니다. 세상의 어떤 아름다움도 하느님으로부터 나오지 않는 한은 사라지기 마련입니다. 자라면 늙고 죽는 것이 존재의 법칙입니다.

오, 내 불쌍한 영혼이여, 이제 허망한 짓은 그만두어라. 허망한 소리에 귀를 기울이면서 자신을 귀머거리로 만들지 말라. 하느님의 거룩한 말씀이 너를 부르고 있다. 너의 모든 것을 하느님께 맡기고 거기서 안식을 구하라. 네가 육체의 감각을 통해 알게 된 것은 빙산의 일각에 불과할 뿐 너는 전체를 보지 못하고 있다. 하느님만이 완전한 전체이시며 사라지지 않는 영원한 우리들의 신이시다. 그런데 무엇을 위해 너는 그리도 험난한 길을 걷고 있는가? 네가 방황하는 곳에 진정한 안식이란 없다. 죽음의 땅에서 행복을 찾으려 애쓰지만 생명이 없는 곳에 어찌 행복한 삶이 있겠느냐? 이제 하느님께 높이 오르기 위해 겸손하게 고개를 숙이도록 하라.

히에리우스에게 바친 처녀작

당시 저는 하느님의 진리를 깨닫지 못하고 저급한 아름다움을 사랑하며 거기에 깊이 빠져 지냈습니다.

"아름다움 말고 무엇을 사랑하겠는가? 아름다움이란 무엇인가? 사랑하는 것에 우리가 매력을 느끼고 끌려가는 이유는 무엇인가? 그속에 담긴 어떤 우아함과 사랑스러움 때문이다. 그것이 없다면 결코 우리 마음은 끌리지 않았을 것이다."

저는 친구들에게 아름다움에 대해 이렇게 말하곤 했습니다. 유심히 생각해 보니 총체적인 아름다움도 있지만 신발이 발과 잘 맞듯 부분과 부분이 서로 어울려 생긴 아름다움도 있습니다. 이런 아름다움들은 서로 구분돼야 합니다. 이런 생각들이 제 마음 깊은 곳에서 샘

솟아 저는 처음으로 책을 하나 썼습니다. 《아름다움과 어울림에 대하여》라는 두세 권짜리 책인데 안타깝게도 지금 그 책은 제게 없습니다. 어떻게 사라졌는지 알 수도 없습니다.

아무튼 저는 그 책을 로마의 웅변가 히에리우스에게 바쳤습니다. 그를 직접 만나 보지는 않았지만 박식함과 높은 명성 때문에 그를 좋아했습니다. 그는 시리아 사람으로 그리스어로 웅변을 배웠고 나중에는 라틴어를 구사하는 뛰어난 웅변가가 되었습니다. 또한 철학적인 문제에도 탁월한 지식을 갖고 있었지요.

주님, 이처럼 저는 어떤 사람을 사랑할 때 주님의 판단에 의하지 않고 인간들의 평판에 좌우되었습니다. 저는 모두가 존경하는 히에리우스를 특별히 찬양했고 저 자신도 그런 찬양을 받고 싶었습니다. 유명한 연극배우가 군중들에게 얻는 그런 인기를 누리고 싶었던 것은 아닙니다. 웅변가인 히에리우스를 사랑했고 그처럼 되고 싶었던 것입니다. 저는 자만에 빠진 채 바람 부는 대로 휩쓸려 다녔지만 하느님 당신은 저를 계속 지켜보고 계셨습니다.

사실 제가 그를 찬양한 것은 확실하게 그의 자질을 인정해서가 아니라 다른 사람들이 그를 높이 찬양했기 때문이었습니다. 사람들이 그를 비난하고 멸시했다면 그토록 열렬히 칭송하지 않았을 것입니다. 진리에 확고하게 뿌리내리지 못한 제 영혼은 무력하게 바람 부는 대로 이리저리 흔들렸고 구름에 가려져 진리의 빛을 보지 못했지요. 그때 저는 히에리우스에게 저를 알리고자 무척 열망했습니다. 그가 만일 저를 인정해 주었다면 엄청나게 흥분했을 것이고 인정하지 않았다면 크게 실망했을 것입니다. 그에게 바친 제 처녀작에 대해 아무도 칭찬해 주지 않았지만 제 자신은 스스로에 대해 무척 자랑스럽게 생각했습니다.

스물예닐곱의 나이에 그 책을 쓰면서 저는 마음을 어지럽히는 물질적인 허상들을 곰곰이 생각해 보았습니다. 아름다움과 어울림을 명상하면서 하느님의 내면에서 울리는 선율에 귀를 기울여 보았지요. 하지만 제가 믿고 따르던 목소리는 저를 물질적이고 외적인 것들에 이리저리 끌려다니게 만들었고 제 지나친 교만함은 저를 더욱 깊은 나락에 빠뜨렸습니다. 겸손하지 못한 제 귀에는 결코 하느님께서 전하는 기쁨의 소리가 들려오지 않았습니다.

아리스토텔레스의 책

스무 살쯤 되었을 때 아리스토텔레스의 《열 가지 범주》란 책을 보았습니다. 카르타고의 수사학 교사들이나 다른 유명한 학자들이 이 책을 자랑스럽게 언급했기 때문에 저는 무슨 위대하고 신성한 책인 줄 알았습니다. 수사학 선생님이 도표까지 그려 가며 자세히 설명해 주어도 사람들은 이 책이 어렵다고 했지만 저는 혼자서 읽고 이해했습니다.

이 책은 인간과 같은 실체와 그 속에 담긴 속성들 – 예를 들어 사람의 모습이나 자질, 키, 형제나 친척관계, 사는 장소, 태어난 때, 서 있는지 앉아 있는지, 신발을 신었는지 무기를 들었는지, 능동적인지 수동적인지 등등 헤아릴 수 없이 많은 속성들 – 을 열 가지 범주로 나누어 언급하고 있습니다.

저는 이 책을 읽고 존재하는 모든 것들이 이 열 가지 범주에 포함된다고 확신했습니다. 심지어 불변하는 하느님조차도 육체적인 형상을 갖춘 이런 범주 안에서 생각했습니다. 하지만 하느님의 아름다움과 크기는 하느님 자신 안에 있는 것입니다. 반면 물체의 아름다움과 크기는 그 자체에서 생겨난 것이 아닙니다. 왜냐하면 그것은 당신에게서 나온 것이기 때문입니다. 그러므로 하느님 당신에 대한 제 생각은 잘못되었고 진리가 아니었습니다. 그런 점에서 이 책은 제게 큰 도움이 되지 않았습니다.

저는 당시에 수사학, 논리학, 기하학, 음악, 산수 등 모든 분야의 책들을 누구의 도움 없이도 읽고 이해할 수 있었습니다. 하지만 대체 이런 것들이 제게 무슨 도움이 되었을까요? 제가 가진 재능은 모두 하느님께서 내려 주신 은총이었지만 저는 하느님께 감사할 줄 몰랐습니다. 당신의 선물을 당신을 위해 쓰지 않고 당신을 멀리 떠나 저급한 욕망을 채우는 데 탕진해 버렸습니다.

진리이신 하느님, 저는 당신을 빛나는 거대한 물체라고 생각했고 저는 그 물체의 작은 한 조각이라고 생각했습니다. 하느님을 이토록 물질적으로 이해했다니 지금 생각하면 그 편협함에 정말 기가 막힙니다. 저는 사람들 앞에서 당신을 모독했고 하느님을 거역하는 말들을 개처럼 짖어 대면서도 조금도 부끄러워하지 않았습니다. 이제 당신이 제게 베풀어 주신 자비를 고백하면서 저는 예전과 달리 당신을 부르고 갈망합니다.

당신이 주신 재능으로 저는 어떤 어려운 책이라도 쉽게 해독했지만 당신의 경건한 가르침에 대해서는 신성 모독이라는 엄청난 잘못을 저질렀습니다. 그러니 제 재능이 무슨 소용이 있습니까? 오히려 재능은 못해도 당신의 둥지에서 건강한 신앙의 음식을 나누는 이들이 더욱 훌륭합니다.

오, 사랑하는 주님, 우리를 보호하소서. 우리가 당신 품으로 영원히 돌아가 다시는 파멸에 이르지 않게 하소서.

제5권 카르타고, 로마 그리고 밀라노

마니교에 심각한 회의를 느끼기 시작한 아우구스티누스는 마니교 주교인 파우스투스를 만나고 나서 마니교에 더욱 실망한다. 파우스투스는 세련된 행동과 유창한 말솜씨를 보여 줬지만 아우구스티누스를 충분히 설득시키지 못했고, 그에 따라 9년간 마니교를 신봉했던 아우구스티누스의 마음도 한꺼번에 무너지고 만다.

이 무렵 로마에서 변호사로 활약하던 친구 알리피우스는 아우구스티누스에게 돈과 명예를 약속하는 땅, 로마로 오라고 한다. 카르타고에서의 교사 생활에 실망하고 있던 아우구스티누스는 마침내 로마행을 택한다. 어머니 모니카는 아들의 로마행을 극구 말렸지만 그는 어머니와 자식, 동거 여인과 학생들을 모두 남겨 둔 채 홀로 로마행 배에 오른다.

스물아홉 살이 되던 383년에 아우구스티누스는 로마에 도착했다. 제5권은 스물아홉 살 무렵 아우구스티누스의 행적과 사상을 그리고 있다. 로마에서 지낸 첫 1년은 아우구스티누스에게 고통이었다. 심한 열병에 걸려 육체적인 고통을 겪었을 뿐만 아니라 기대했던 만큼의 보수나 좋은 학생들을 만나지도 못했다. 로마에서 아우구스티누스는 처음에는 마니교도들을 만났지만 차츰 아카데미학파의 회의주의 철학자들과 사귀면서 새로운 학문과 접하게 된다. 마니교에 대한 믿음이 점차 무너지고 있었지만 그것을 대체할 뚜렷한 대안을 찾지 못하자 그는 회의주의에 기운다. 기독교에 대한 확신도 없고 마니교에서도 완전히 벗어나지 못한 진퇴양난의 상태에서 회의주의에 관심을 갖게 된 것이다.

그 후 밀라노에서 수사학 교사를 뽑는다는 소식을 듣고 선발 시험에 응시해 합격한 아우구스티누스는 다시 로마를 떠나 밀라노로 갔다. 밀라노에서 그는 따뜻한 인격을 갖춘 암브로시우스 주교를 만나 깊은 감명을 받는다. 암브로시우스는 아우구스티누스가 그동안 의문을 품어 왔던 구약성서를 은유적으로 해석해 줌으로써 아우구스티누스가 기독교 신앙에 다가갈 수 있는 길을 열어 주었다. 그 결과 아우구스티누스는 마니교를 떠나 기독교의 예비 신자가 되기로 결심한다.

파우스투스와 자연철학자들

주님, 당신은 피와 살을 가진 인간이 아니라 그들의 창조주이십니다. 제가 당신을 찾아 헤맸을 때 저는 과연 어디에 있었나요? 하느님은 바로 제 앞에 계셨지만 저는 자신으로부터 멀리 떠나 하느님은 커녕 제 자신조차 발견할 수가 없었습니다. 이제 하느님 앞에서 스물 아홉 살 시절에 제가 겪었던 삶을 솔직히 고백하려 합니다.

저는 카르타고에서 마니교의 주교 파우스투스를 만났습니다. 그는 마니교 일흔두 명의 주교 중 한 사람으로 당시 로마에서는 매우 유능하고 학문에 조예가 깊은 주교로 알려져 있었습니다. 하지만 그는 악마의 올가미 같은 사람입니다. 당시 많은 사람들이 그의 올가미에 걸려 빠져나오지 못했지요. 저도 유창한 그의 말에 탄복해 넘어갔습니다.

하지만 저는 여러 철학서들을 읽고 기억 속에 담아 두었기 때문에 철학자들의 이론과 마니교의 주장을 비교할 수 있었지요. 철학자들은 하느님을 발견하지는 못했지만 세계를 이해하고 판단하는 능력이 있기 때문에 마니교도들보다는 훨씬 진리에 가까운 말을 했습니다.

철학자들은 하느님께서 주신 재능으로 천체를 관찰하고 일식과 월식을 정확하게 예견했습니다. 하지만 사람들이 그들에게 경탄하고 칭찬하자 그들은 교만해져서 하늘의 일식은 예견하면서도 자기 마음속의 일식은 보지 못했습니다. 천체 연구를 가능하게 해 준 재능은 과연 어디서 왔는지에 대해 그들은 경건하게 생각하지 않았습니다. 길이 되어 주시는 하느님의 말씀을 깨닫지 못했고 자신이 별처럼 빛나는 존재라고 착각했습니다.

그들의 주장은 타당한 것도 많았지만 한계도 뚜렷했지요. 창조주 하느님을 보지 못했고 하느님의 업적을 자기들의 업적이라고 억지 주장을 했습니다.

그렇지만 철학자들은 피조물의 세계를 제대로 관찰했습니다. 사물의 합리적이고 수학적인 질서, 계절의 순서, 눈에 보이는 별들에 대한 증명 등은 특히 기억할 만합니다. 마니도 그런 책을 상당히 많이 쓰긴 했지만 자연철학자들처럼 동지, 하지, 춘분, 추분, 일식, 월식 같은 것에 대해 제대로 설명하지 못했습니다. 그는 빛과 어둠이 치열하게 싸우면 해와 달이 그것을 보고 싶지 않아 자기 눈을 가리는데, 그때 일식과 월식이 일어난다는 참으로 황당한 이야기를 합니다.

오, 진리이신 하느님, 자연에 대한 과학적 지식을 갖추었다고 해서 과학자라 한다면 당신을 기쁘게 할 수 있을까요? 과학적 지식을 갖추었다 해도 하느님을 모르면 그는 불행한 사람입니다. 오히려 과학은 몰라도 하느님을 아는 사람이 행복합니다. 하느님과 자연 과학을 모두 안다고 해서 더 많이 행복한 것도 아닙니다. 하느님만이 오직 행복의 원천이시며 하느님을 알기 때문에 인간은 행복한 것입니다. 하느님을 알고 하느님께 감사와 영광을 돌릴 줄 아는 사람은 스스로 만든 허망한 생각에 결코 빠지지 않습니다.

마니교에 회의를 품고

마니교를 창시한 마니는 자신도 이해하지 못한 것들을 감히 사람들에게 가르치려고 뻔뻔하게 덤볐으니 그는 경건한 지혜를 가진 사람이 아닙니다. 그가 설혹 과학을 완벽히 알았다고 해도 종교에 대해서는 전혀 몰랐습니다. 과학 지식을 말하는 것은 공허하지만 하느님께 고백하는 것은 경건합니다. 마니는 이런 원칙에 어긋났습니다. 그는 세상에 대해 많은 말을 했지만 그런 것에 정통한 학자들은 그의 무지를 폭로했고 곧이어 그의 어설픈 정체도 드러났습니다. 마니는 자신을 스승이자 지도자로 부르는 신도들에게 자신은 보통 인간이 아니라 하느님의 성령이라고 말하며 자신을 믿도록 유도했지요. 하지만 그의 가르침은 곧 거짓으로 드러났습니다.

마니교를 믿어 온 지난 9년여 동안 비록 제 마음은 방황했지만 마니교의 주장에 나름대로 귀 기울이며 살아왔습니다. 그래서 마니교의 핵심 주교인 파우스투스가 카르타고에 온다고 했을 때 저는 마음속으로 그를 기다렸습니다. 마니교도들은 제가 곤란한 질문을 던지면 항상 '파우스투스가 분명히 설명해 줄 것이야.'라고 말했기에 그에 대한 기대가 컸습니다. 그러나 막상 파우스투스를 만나 보니 실망스러웠습니다. 그는 말솜씨는 유창했지만 다른 마니교도들과 별 차이가 없는 대답을 했습니다. 유창하고 매력적으로 웅변한다고 해서 그의 영혼이 지혜로운 것은 아닙니다. 제게 파우스투스를 추천했던 사람들도 그의 유창하고 달콤한 말재주에 넘어간 것입니다.

저도 처음에는 그의 세련된 표정과 동작, 유창한 말솜씨에 넘어가서 그를 치켜세우는 데 앞장서곤 했습니다. 그런데 제가 의심했던 문제들을 함께 토론해 보고 나서 심히 실망했지요. 문학 외에는 교양교육이 충분하지 않았고 단지 다양한 경험과 좋은 천성 덕분에 웅변을 그럴듯하게 했던 것입니다.

파우스투스의 학식에 대한 기대가 무너지자 제 실망감은 이만저만이 아니었지요. 제가 번민해 오던 문제에 그는 어떠한 명쾌한 해답도 주지 못했기 때문입니다. 다만 파우스투스가 하느님에 대해 올바른 마음을 갖지 않은 대신 자신에게는 솔직하고 겸손한 마음을 지닌 것은 제 마음에 들었습니다. 그동안 저를 가르친다고 말만 거창하게 늘어놓았던 사람들에 비하면 파우스투스는 분명히 달랐던 것이지요.

당시 저는 카르타고에서 학생들에게 수사학을 가르치고 있었는데 파우스투스는 제 학문에 관심이 많았습니다. 그래서 우리는 종종 만나 함께 좋은 책을 읽고 토론하곤 했습니다. 하지만 그를 알고 난 뒤부터 마니교에 대해 보다 깊이 알고자 했던 제 관심은 식어 버렸습니다. 그럼에도 더 나은 대안을 찾지 못한 저는 마니교를 바로 떠나지 못하고 좀 더 머물렀습니다.

꿈의 땅, 로마

　그즈음 제 친구 알리피우스가 로마에서 변호사로 일하고 있었지요. 로마에 오면 높은 보수와 좋은 일자리가 가능하다며 제게 로마로 올 것을 권했습니다. 그러나 단지 돈과 명예 때문에 마음이 움직였던 것은 아닙니다. 로마 학생들은 차분하고 학구적이며 엄격한 규율이 서 있다고 들었기 때문에 가고 싶었던 것입니다. 카르타고 학생들의 행동은 난잡하고 방종해서 혀를 내두를 정도였습니다. 그들은 무례하게 남의 교실에 함부로 뛰어들어 질서를 무너뜨리고 처벌받아 마땅한 불법 행동을 태연하게 저지르곤 했지요. 카르타고의 현실적인 어려움을 벗어나기 위해 저는 헛된 행복을 꿈꾸며 로마행을 시도했습니다.

　로마로 떠나던 날 어머니는 해변까지 따라 나와서 로마에 같이 가든지 아니면 집으로 되돌아가자고 눈물로 애원했습니다. 저는 순풍이 불 때까지 배가 출항할 수 없다고 거짓말을 하며 어머니를 잠시 속였지요. 어머니는 한사코 혼자 돌아가려 하지 않아서 할 수 없이 근처 교회에서 하룻밤을 보내게 했습니다. 그리고 저는 어머니 몰래 그곳을 빠져나왔지요. 어머니는 눈물을 흘리며 기도만 하셨습니다. 제가 탄 배는 해안에서 점점 멀어져 갔고 이튿날 아침 어머니는 해변에 나와 애통해 했습니다.

로마에 도착한 뒤 저는 열병에 걸려 심하게 고통받았습니다. 그 때 저는 하느님 당신과 저 자신, 그리고 다른 사람들에게 저지른 무수한 죄를 그대로 짊어진 채, 그리고 아담으로부터 내려온 뿌리 깊은 원죄를 그대로 안은 채 지옥으로 깊이 곤두박질치는 느낌이었습니다. 제 열병은 점점 악화되어 거의 죽음 직전에 이르렀지요. 만약 그때 제가 죽었더라면 정의의 심판에 따라 저는 마땅히 지옥의 불구덩이에 떨어졌을 것입니다.

어머니는 제가 앓고 있는 줄도 모르고 계속 저를 위해 기도했습니다. 주님은 어디에서나 우리와 함께 계셨으니 어머니께는 어머니의 기도를 들어주시고 제게는 병을 낫게 하시어 당신의 깊은 사랑을 보여 주셨습니다.

그런데 절박한 육체의 죽음 앞에서도 저는 세례를 받지 않았습니다. 영혼이 썩고 병들어 있었기 때문이지요. 어머니의 독실한 신앙에 따라 세례를 원하던 어린 시절에 오히려 영혼은 더 맑았지요. 하지만 하느님은 당신을 모독하는 저 같은 죄인을 두 번이나 죽음에서 구원해 주셨습니다. 오, 주님, 이 깊은 은혜를 어찌 다 갚으오리까.

제가 만일 그때 죽었더라면 어머니의 가슴에 비수를 꽂은 셈이 됐겠지요. 착하고 정결한 제 어머니는 금은보화나 재물이 아니라 자식의 인생과 그 영혼을 위해 밤낮없이 눈물의 기도를 올렸습니다. 하느님 당신은 그 눈물을 닦아 주시며 어머니 곁에서 항상 어머니의 기도에 귀를 기울이셨습니다.

회의주의에 관심을

하느님 당신은 제가 당신을 위해 살 수 있는 기회를 주기 위해 건강을 회복시켜 주셨습니다. 로마에 머무는 동안에도 저는 마니교도들과 관계를 계속 유지했고 죄에 대해서도 그들처럼 생각했지요. 우리가 죄를 짓는 것이 아니라 우리 안에 있는 어떤 나쁜 성질이 죄를 짓게 한다고 말입니다. 이런 생각으로 더욱 교만해져서 저는 마치 아무런 죄가 없는 듯 허세를 부렸고 나쁜 짓을 해도 영혼을 치유해 주시는 하느님께 어떤 고백조차 하지 않았습니다. 자신을 극구 변명하면서 제 안에 있는 정체 모를 어떤 것을 탓할 뿐 저 자신은 비판하지 않았습니다. 자기 자신을 죄인으로 생각하지 않은 것, 그것이야말로 치유할 길 없는 죄였습니다.

오, 전능하신 하느님, 구원을 얻으려면 스스로 하느님께 무릎을 꿇어야 하거늘 저는 거꾸로 당신을 제게 굴복시키려 애를 썼으니 이

보다 더 큰 죄악이 어디 있겠습니까?

그즈음 저는 마니교에 더욱 회의를 느껴서 아카데미학파라고 불리는 사람들에게 관심을 가졌습니다. 사실 저는 그들의 참뜻을 파악하진 못했고 단지 그들이 마니교도들보다 현명하다고 느꼈을 뿐입니다. 그들은 모든 것을 의심해야 한다든가 인간은 진리를 확실히 깨달을 수 없다든가 그런 주장을 했지요.

(여기에 나오는 아카데미학파는 진리를 확실히 인식할 수 있다고 본 고대 그리스의 아카데미학파와 달리 모든 진리에 대한 회의론을 주장한 신아카데미학파를 말한다. 나중에 기독교로 회심한 뒤에 아우구스티누스는 《회의론 반박》이라는 책을 써서 신아카데미학파를 비판한다. 하지만 그 당시 아우구스티누스는 기독교에 대한 확신이 없었고 마니교에도 회의를 품었기 때문에 신아카데미학파에 마음이 쏠리게 된다.)

은유적인 것을 부정하는 마니교도들처럼 저도 하느님이 어떤 거대한 물체로밖에 생각되지 않았습니다. 세상의 그 어떤 것도 물질적이지 않다면 존재하지 않는 것이라고 생각했지요. 바로 이런 생각이 가장 치명적인 오류였습니다. 저는 선과 악이라는 무한한 두 개의 물질 덩어리를 가정하고 선은 악보다 더 클 따름이고 악은 좀 더 작은 것이라고 결론 내렸습니다. 이런 어처구니없는 전제에서 제 모든 신성모독이 시작되었습니다. 저는 인간의 정신조차 공간에 퍼져 있는 어떤 미세한 물질이라고 생각했습니다. 당시 저는 그런 잘못된 개념에 사로잡혀 있었기 때문에 진리를 갈망했다고는 하나 결코 하느님의 신성하고 맑은 공기를 마실 수 없었던 것입니다.

실망스런 로마의 학생들

제가 로마에 와서 처음에는 학생들을 몇 명 집에 불러 모아 열심히 수사학을 가르쳤습니다. 로마에 온 중요한 목적이 수사학을 제대로 가르쳐 보는 것이었기 때문이지요. 그들의 입을 통해 제 이름이 점차 세상에 알려지게 되었습니다.

그런데 학생들은 스승에게 교육비를 내지 않으려고 어느 날 갑자기 떠나 버리곤 했습니다. 약속을 어기고 작당을 해서 다른 스승을 찾아가 버리곤 했지요. 로마의 학생들은 돈에 홀려 정의를 헌신짝처럼 내동댕이쳤습니다. 저는 비열한 그들이 미웠습니다. 학생들이 제게 개인적으로 손해를 입히고 괴로움을 주었다는 점에서 저는 더욱 분개했습니다.

오, 진리이신 주님, 그들이 마음을 바꾸어 돈보다도 학문을 사랑하고 진리요 평화요 지고의 선이신 하느님을 따르게 된다면 저는 그들을 사랑할 것입니다. 하지만 당시에는 제 이해관계를 먼저 고려했지요. 그들이 하느님을 믿는 선한 사람이 되기를 원하기보다 제게 피해를 준 비열한 자들을 용서해서는 안 된다는 생각을 먼저 했습니다.

밀라노에서 만난 암브로시우스

그 후 밀라노에서 로마 시장에게 수사학 교사를 보내 달라는 요청이 왔습니다. 로마 시장이었던 심마쿠스는 시험을 통해 저를 뽑았고 서른 살에 저는 밀라노의 수사학 교사로 임명되어 로마를 떠나 밀라노로 갔습니다.

밀라노에 도착한 저는 그 도시의 주교이자 세상에서 가장 훌륭한 인물 중 하나로 손꼽히는 암브로시우스를 찾아갔습니다. 그는 아버지처럼 따뜻하게 저를 맞이해 주었고 진심으로 저를 환영했습니다. 처음에 저는 진리의 스승으로서 그를 따르기보다 인간적인 친절함 때문에 좋아했습니다

저는 그의 설교가 과연 소문대로 뛰어난지 알아보기 위해 설교 내용보다 말의 형식에 더 신경을 써서 그의 웅변을 유심히 들었습니다.

그는 마니교의 파우스투스처럼 사람을 매혹적으로 사로잡는 열변을 토하지는 않았지만 파우스투스보다 훨씬 교양이 넘쳤습니다. 파우스투스가 거짓된 마니교에서 방황했다면 그는 확실한 구원의 진리를 가르쳤습니다. 저는 구원에서 멀리 떨어진 죄인으로 살고 있었지만 암브로시우스의 설교를 통해 저도 모르게 점점 하느님께 가까이 다가가는 것처럼 느꼈습니다.

처음에 저는 설교 내용보다 그가 구사하는 수사학적 기술과 형식에만 귀를 쫑긋 세웠습니다. 인간이 하느님께 도달할 수 있는 진리의 길이 있다는 희망을 이미 버렸기 때문에 이런 공허한 관심사만 제게 남아 있었지요. 하지만 말의 내용과 형식은 서로 떼어 놓을 수 없기 때문에 수사학적 형식에 귀를 기울이면서 점차 그의 연설 내용도 마음에 와 닿기 시작했습니다.

특히 저는 구약성서의 구절들을 글자 그대로 읽고 의문을 품고 있었는데 암브로시우스는 그 안에 담긴 진정한 의미를 은유적으로 해석해 주었습니다. 이로써 저는 기독교 신앙에 조금씩 눈을 뜨게 되었지요. 그렇다고 당장 기독교로 길을 바꾸거나 그동안 품었던 생각들을 송두리째 버린 것은 아니었습니다. 기독교 신앙은 여전히 제게 승리도 패배도 아니었습니다

마니교의 주장을 어떻게 반박할까 늘 고민해 왔지만 신을 물질이 아닌 영적인 것으로 이해하는 방법을 몰랐던 저는 이들을 단번에 굴

복시키지는 못했습니다. 그래서 아카데미학파의 방식대로 모든 것을 일단 의심해 보기 위해 마니교를 떠나기로 결심했습니다. 그렇다고 구세주의 이름도 모르는 회의주의 철학자들에게 제 영혼의 치유를 맡길 수도 없었습니다. 결국 저는 부모님이 권유하신 대로 어떤 분명한 빛이 저를 인도할 때까지는 당분간 기독교의 예비 신자가 되기로 마음먹었습니다.

제6권 세속적인 야망과 갈등

아우구스티누스는 암브로시우스 덕분에 기독교에 더욱 가까이 다가갔지만 마음에 남아 있는 세속적 야망 때문에 괴로워한다. 제6권은 돈, 명예, 결혼 같은 현실적인 욕망과 진리 사이에서 갈등하는 서른 살의 아우구스티누스의 모습을 생생하게 보여 준다.

수사학 교사로 채용되어 밀라노로 간 아우구스티누스는 거기서 약 2년간 복잡한 일들을 경험한다. 확실한 지위와 보수를 얻었기에 겉으로는 성공한 듯 보였지만 학문을 깊이 탐구하지도 못했고 마음은 점점 공허해졌다. 밀라노의 주교 암브로시우스를 만난 것은 아우구스티누스의 일생에서 가장 의미 있는 사건이었다. 학문과 교양이 뛰어난 암브로시우스는 탁월한 성서 해설자로, 당대 최고의 설교자로 아우구스티누스에게 은유적인 성서 해석의 길을 보여 주었다. 아우구스티누스는 기독교에 대한 자신의 잘못된 인식을 깨닫고 마니교의 오류를 똑바로 알게 되면서 기독교의 예비 신자가 된다.

더불어 아우구스티누스가 가지고 있던 물질주의적 관점도 무너지기 시작한다. 그는 그동안 공간 속에 형태를 갖고 존재하는 것만이 진실로 존재하는 것이며, 정신적인 것조차도 눈으로 직접 확인할 수 있는 어떤 실체여야 한다고 생각해 왔다. 그러나 암브로시우스는 아우구스티누스가 지녔던 생각을 완전히 뒤바꿔 놓았다. 그는 성서를 있는 그대로가 아니라 마음의 눈으로 보도록 이끌었고 하느님을 물질적 실체로 보는 물질주의적 인식의 오류를 분명히 짚어 주었다. 나아가 아우구스티누스에게 회의주의를 극복하고 진리를 발견할 수 있다는 자신감을 심어 주었다.

한편 결혼이나 여인에 대해 미련이 많았던 아우구스티누스는 독신주의자인 친구 알리피우스와 결혼 문제를 놓고 심각하게 토론하며 고민한다. 그리고 어머니의 강한 권유에 따라 15년간 동거했던 여인을 버리고 새로운 여인과 약혼하게 된다. 옛 여인은 아우구스티누스에게 아들을 남겨 둔 채 아프리카로 떠나 버렸고 이 일로 아우구스티누스는 쾌락을 좇아 여인들을 가까이했던 날들에 대해 심한 죄책감을 느낀다. 육체의 쾌락에 지배당하면서 영혼은 더욱 병들어 갔다는 인식 때문이었다. 하지만 여전히 아우구스티누스는 욕망의 굴레에 갇혀 있었고 절제를 통한 진정한 행복을 찾지 못한 상태였다.

밀라노에 오신 어머니

어머니 모니카는 풍랑과 같은 온갖 위험을 무릅쓰고 아들을 찾아 밀라노에 왔습니다. 그리고 여전히 진리를 찾지 못하고 절망에 빠져 있는 아들을 보았지요. 저는 어머니에게 아직 기독교 신자는 아니지만 더 이상 사악한 마니교도도 아니라고 말했습니다. 마니교도가 아니라는 의외의 얘기를 듣고도 어머니는 그다지 기뻐하지 않았습니다. 어머니는 저를 죽은 자로 여기고 비탄의 눈물을 뿌렸지만 제 비참한 상태에 대해 더 이상 염려하지 않고 하느님에 의해 반드시 부활하리라 확신하고 있었습니다. 그래서 제가 거짓 종교로부터 구출되었다고 말해도 극히 담담하게 받아들였지요. 그리고는 "내가 이 세상을 떠나기 전에 독실한 기독교인이 된 네 모습을 보고 죽을 것이라고 그리스도 안에서 나는 굳게 믿고 있다."라고 조용히 응답했습니다.

어머니는 교회에 나가 더욱 열심히 기도했고 암브로시우스를 하느님의 천사처럼 섬기며 그의 연설을 깊이 경청했습니다. 그의 힘으로 자신의 아들이 하느님을 향해 조금씩 마음을 열고 있다는 것을 알았기 때문이죠. 하지만 어떤 병이든 완전히 나으려면 한바탕 극심한 위기를 겪어야 하듯, 제 앞에도 진정한 안식을 얻기 위한 더욱 고통스럽고 험난한 과정이 기다리고 있었습니다.

다시 바라보는 성서

주위의 많은 사람들처럼 저도 암브로시우스를 무척 행복한 사람이라고 생각했습니다. 하지만 그의 독신 생활은 가끔 힘들어 보이기도 했습니다. '그는 어떤 기쁨이나 희망을 지니고 살아갈까? 어려움을 당하면 어떻게 위로를 받을까? 자신의 위치에서 부딪히는 고난들은 어떻게 뚫고 나갈까?' 등등 여러 가지 궁금증이 생겼지요. 하지만 그는 교구 전체를 주관하고 소외받는 이들을 돌보며 워낙 많은 일들을 처리해야 했기 때문에 늘 바빴습니다. 그래서 그와 직접 이야기할 기회는 좀처럼 생기지 않았지요. 모처럼 한가하게 휴식할 때도 그는 혼자 독서에 빠져 있었기 때문에 방해할 수도 없었습니다.

사실 제 뜨거운 열정과 고민들을 털어놓자면 꽤 많은 시간이 필요했습니다. 그러나 암브로시우스는 제 이야기에 그렇게 오래 귀 기울여 줄 만큼 여유가 없었습니다. 그래서 저는 매주 교회에 나가 진리를 전하는 그의 설교를 들으며 도움을 얻었습니다.

그의 설교를 들으면서 마니교도들이 왜곡시킨 문제에 대해서 반박할 수 있을 정도의 확신이 생겼습니다. 특히 '하느님의 형상대로 창조된 인간'이라는 말이 하느님도 인간처럼 육체적 한계에 갇혀 있다는 의미가 결코 아니라는 점을 분명히 깨달았지요. 저는 은유적으로 표현된 실체에 대해서는 여전히 이해가 부족했지만 하느님의 육체적인 형상에 대해서는 오랫동안 고민해 왔습니다. 하느님은 시간과 공간의 제한을 받지 않고 어디에나 존재하시며 가장 높은 데서 우리와 늘 함께하시는 분임을 알게 되었습니다. 주님은 어떤 육체적인 형상을 갖추고 있지 않지만 우리 인간을 당신의 모습에 따라 창조하셨던 것입니다.

그동안 저는 마니교도들의 주장에 넘어가 그들처럼 지껄이며 하느님의 교회를 멋모르고 반박했습니다. 하지만 교회는 제가 반박한 것과는 달리 참된 진리를 전파하고 있었지요. 저는 여전히 혼란을 느끼긴 했지만 조금씩 기독교로 마음을 돌리기 시작했습니다. 이제 저는 구약성서의 율법과 예언서를 이전처럼 보지 않고 새로운 눈으로 읽게 되었습니다. 글자 그대로 보면 얼핏 불합리해 보이는 성서 구절들을 암브로시우스는 은유적으로 해석하여 캄캄한 제 눈을 밝혀 주었습니다.

그때 제 신앙이 좀 더 굳건했다면 저는 보다 근본적인 치료를 받았을 것입니다. 하지만 돌팔이 의사에게 당해 본 사람이 유능한 의사도 믿지 못하듯이 마니교에 당해 본 저는 이번에도 잘못된 믿음을 가질까 봐 두려워 하느님의 완전한 치료를 거절했습니다. 믿음의 약을 준비하고 세상의 아픔에 치유의 손길을 내미신 당신을 저는 어리석게도 거부한 것입니다.

하지만 이때부터 저는 기독교의 가르침이 마니교보다 훨씬 옳다고 생각하게 되었습니다. 보이지는 않지만 모든 인간의 일에 하느님의 섭리가 작용하고 있음을 느끼게 되었지요. 하느님께서 우리를 끊임없이 돌보고 계신다는 믿음을 버리지 않았습니다. 비록 하느님의 본질이나 우리를 당신께 인도하는 과정에 대해서는 제대로 몰랐지만 말입니다. 불합리하게 여겨 왔던 성서 구절이 그때부터 보다 심오하게 다가왔습니다. 하느님 당신께서 성서에 권위를 부여하셨기에 저는 성서의 권위를 더욱 존중하게 되었습니다.

끈질긴 야망

하느님은 저를 보고 웃으시겠지만 저는 당시에 돈과 명예와 결혼을 열망했습니다. 그런 욕망을 품으면서 저는 쓰디쓴 고통을 겪어야 했습니다. 하느님은 그런 고통을 통해 제가 당신 아닌 다른 어떤 것에서도 기쁨을 누리지 못하게 배려하셨습니다. 당신은 제 영혼의 아픈 상처를 더욱 아프게 찔러 하루 빨리 어리석은 야망을 벗어던지고 세상 모든 것의 주재자이신 당신께 돌아오도록 인도하셨습니다.

황제를 찬양하는 연설을 준비하던 날, 제가 얼마나 비참했는지 모릅니다. 저는 연설을 하면서 수많은 거짓말과 아첨을 늘어놓아야 했고 사람들은 거짓인 줄 뻔히 알면서도 우레와 같은 박수를 보냈습니다. 부끄러움과 고뇌로 달아오른 마음을 어찌하지 못하고 밀라노의 거리를 마구 헤매다가 술 취한 어떤 거지를 보았습니다. 그 거지는 지나가는 이들에게 몇 마디 말로 복을 빌어 주고 술을 얻어먹으며 지냈습니다. 그의 얼굴은 근심이 없어 보였지만 저는 무척 불안해 보였습니다.

거지가 보여 준 행복도 참 행복은 아니겠지만 제가 야망을 품고 추구했던 행복은 더욱 거짓된 행복이었습니다. 거지보다 지식을 좀 더 갖추었다고 해서 결코 제가 거지보다 낫다고 할 수 없겠지요. 거지가 술에 취해 기쁨을 얻었다 해도 그것이 진정한 행복이 아니듯 제가 거짓과 위선으로 야망을 성취한다 한들 그것이 어찌 참다운 영광이겠습니까? 친구들에게도 이런 고민을 털어놓아 보았지만 그들도 비슷한 상황이었습니다.

알리피우스의 어두운 그림자

저는 절친했던 친구 알리피우스와 네브리디우스에게 이 문제를 터놓고 이야기했습니다. 알리피우스는 저와 같은 타가스테 출신이고 그의 부모님은 꽤 부유한 편이었습니다. 그는 저보다 나이가 어려 타가스테와 카르타고에서 학생 자격으로 제게 배운 적도 있었습니다. 그는 저를 교양 있고 훌륭한 사람이라고 여겨 무척 따랐고 저도 나이에 어울리지 않게 확고한 그의 품성이 좋았습니다.

하지만 알리피우스는 공허한 경기에 열광하는 카르타고 사람들의 나쁜 기질에 휘말려 원형 경기장에서 거의 살다시피 했습니다. 당시 저는 카르타고의 수사학 교사였는데 검투사 경기에 푹 빠져 정열을 낭비하는 그가 무척 염려스러웠습니다. 진심으로 충고하고 싶었지만 그의 아버지와 저 사이에 약간 불편한 문제가 생겨 충고하기도 쉽지 않았지요. 하지만 그는 아버지와의 문제에 신경 쓰지 않고 가끔 제 수업에 들어와 강의를 듣곤 했습니다.

어느 날 제가 평소처럼 강의를 하고 있는데 알리피우스가 들어와 경청했습니다. 책의 한 구절을 설명하고 있던 저는 그를 보고는 마치 이때라는 듯 원형 경기장에서 헤어나지 못하는 얼빠진 사람들을 예로 들며 그들을 강하게 비판했습니다.

오, 구세주 하느님, 당신은 장차 기독교의 사제가 되어 당신의 종으로 온몸을 바치게 될 알리피우스를 버리지 않으셨습니다. 알리피우스는 진심으로 제 비판을 자신의 문제로 받아들이고 자신의 병을 치유하는 약으로 사용했습니다. 다시는 오락 경기의 유혹에 빠지지 않으리라 맹세하며 흔들리는 마음을 붙잡았습니다. 아버지를 설득해 제 제자로 공부할 수 있도록 허락도 받았지요.

그 후 알리피우스는 출세를 바라는 부모님들의 권유에 따라 법률 공부를 하러 일찍 로마로 떠났습니다. 그런데 애석하게도 그는 로마에서 다시 검투사 경기에 빠지고 말았습니다. 처음엔 그도 강력히 거부했지만 친구들이 격투의 현장으로 그를 억지로 끌고 갔습니다. 잔인한 경기에 마음을 뺏기지 않으려고 그는 눈을 꼭 감았지만 흥분한 관중들의 소리에 끝내 마음이 흔들리고 말았지요. 무엇을 보든 무시할 수 있다고 위안하면서 그는 눈을 떴습니다. 그리고 자기도 모르게 흥분의 도가니에 휩쓸려 갔습니다.

결국 자기가 먼저 사람들을 충동질해 원형 경기장을 찾을 정도로 그는 피비린내 나는 야만적인 경기에 다시 빠졌습니다. 그의 영혼이 이토록 쉽게 무너진 것은 하느님께 의지하지 않고 자기의 힘만을 믿었기 때문입니다. 하지만 하느님은 사랑으로 깊은 수렁에서 그를 끌어내어 당신만을 의지하도록 인도하셨습니다. 물론 그것은 한참 뒤의 일이었지만 말이지요.

진실한 친구들

알리피우스가 카르타고에서 제 학생으로 공부하던 시절의 에피소드입니다.

어느 날 알리피우스는 여느 학생들처럼 자기가 낭독해야 할 구절을 생각하며 광장을 거닐고 있었습니다. 노트와 펜을 들고 재판소 앞을 오락가락하는데 웬 청년이 황급히 도망가는 장면을 보았지요. 그 청년은 은세공품 가게 창살을 도끼로 잘라 내려다 그 소리를 듣고 몰려오는 사람들을 피해 도끼를 버리고 허겁지겁 달아나던 중이었습니다. 궁금해진 알리피우스가 현장으로 가서 청년이 버린 도끼를 집어 드는데 마침 그때 사람들이 몰려와 그 장면을 목격했습니다. 사람들은 알리피우스를 범인으로 몰아세우고 그를 재판정으로 끌고 갔습니다. 가는 도중에 이들은 공공건물 책임자인 한 건축가와 마주쳤습니다. 사람들은 그동안 물건이 없어질 때마다 건축가의 의심을 받았기 때문에 그에게 진짜 도둑을 잡았다고 알렸지요. 건축가는 어떤 원로원 의원 집에서 알리피우스를 종종 보았기 때문에 알리피우스에게 자초지종을 물었습니다. 우여곡절 끝에 알리피우스의 혐의가 벗겨지고 결국 진범이 잡혔습니다.

이 사건을 통해 알리피우스는 사람을 경솔하게 판단하고 단죄해서는 안 된다는 크나큰 가르침을 얻었습니다. 알리피우스는 더욱 지혜로운 인물로 거듭나게 되었지요.

제가 로마에 왔을 때 알리피우스는 그의 부모님의 희망대로 법관이 되어 일하고 있었습니다. 그는 저를 몹시 좋아해서 제가 로마를 떠나 밀라노로 갈 때 저를 따라 밀라노에 왔습니다. 알리피우스는 배석 판사로 근무할 때도 강한 자기 통제력으로 뇌물을 받지 않아서 사람들을 놀라게 했습니다. 그는 오히려 사람들이 정직보다는 돈을 선호한다는 사실을 이상하게 생각했습니다.

한번은 알리피우스가 로마에서 재무장관의 보좌역을 맡고 있을 때였습니다. 그 지역에서 대단한 영향력을 행사하던 한 원로원 의원이 불법적 특혜를 요구하며 뇌물로 그를 매수하려고 들었습니다. 이미 많은 사람들이 그의 뇌물과 협박에 무너졌지만 알리피우스는 단호히 거절했고 이를 알게 된 사람들은 그의 인물 됨됨이에 다시 한번 감탄했습니다.

친구 네브리디우스도 밀라노에서 함께 지냈습니다. 그는 고향을 떠나 카르타고에서 오래 살았는데, 아버지가 남겨 준 많은 재산과 어머니를 그곳에 남겨 두고 저와 함께 살기 위해 밀라노로 왔습니다. 우리는 삶의 어려운 문제들을 같이 번민하고 토론하면서 방황의 나날을 함께 보냈습니다. 주님의 뜻에 따라 세상일에 고통을 당할 때 우리를 단련시키려는 주님의 깊은 뜻을 깨닫지 못한 우리는 왜 이 고통을 참아 내야 하는지, 고통은 왜 이리도 오래 지속되는지 묻곤 했지요. 그래도 우리는 세상일에 관심 갖는 것을 포기하지 못했습니다. 왜냐하면 세상일을 포기하면서까지 잡을 수 있는 진리의 빛을 아직 보지 못했기 때문입니다.

결혼이냐, 독신이냐?

알리피우스는 제 결혼을 반대했습니다. 결혼을 하면 지혜를 사랑하며 친구들과 자유롭게 살기 어렵다는 이유에서였지요. 그는 놀라울 만큼 절제된 삶을 유지했습니다. 그도 청년기에 성적 체험을 해 본 적이 있었지만 곧 그것을 뉘우치고 엄격한 절제 생활로 돌아왔습니다.

저는 결혼을 해도 지혜를 추구하면서 하느님께 충실하고 우정을 지속하는 사람들이 있다고 반박했습니다. 물론 제 자신이 그런 훌륭한 영혼과는 한참 거리가 멀었지만 말입니다. 저는 육체적 욕망과 쾌락의 쇠사슬에 얽혀 헤어나지 못하고 있었습니다. 오히려 제 상처를 건드릴까 봐 쇠사슬을 풀어 주려는 손길을 뿌리치곤 했습니다.

알리피우스는 제가 독신으로 살 수 없다고 하자 무척 놀랐습니다.

저는 이렇게 변명했죠. 그의 성적인 경험은 어릴 적 한순간의 일이라 쉽게 잊을 수 있지만 저는 습관적으로 쾌락에 젖어 살아왔기 때문에 육체적 욕망을 끊기가 무척 힘들다고 말이죠. 게다가 결혼 생활이라는 명예로운 이름을 달고 나면 굳이 육체적 쾌락을 피할 이유도 없다고 말했습니다.

제가 이렇게 말하자 알리피우스도 결혼에 호기심을 보였습니다. 하지만 육체적인 욕망 때문은 아니었습니다. 제가 결혼 없는 삶은 형벌과 같다고 했더니 무척 놀라면서 결혼이란 어떤 것일까 하는 진지한 호기심을 갖고 그것을 경험해 보려 했던 것입니다. 하지만 우리는 모두 결혼 생활과 자녀 양육에 대한 책임감은 전혀 갖고 있지 않았습니다. 저는 습관적인 정욕을 채우는 데만 관심이 있었고 알리피우스는 호기심을 채우는 데에만 관심이 있었습니다.

마침내 약혼

어머니의 결혼 압력에 시달리다 지친 저는 끝내 한 여인과 약혼했습니다. 어머니는 제가 일단 결혼을 하면 세례를 받아 자신을 정화하리라 기대했습니다. 약혼녀는 법적으로 결혼이 허용되는 열두 살이 아직 안 됐기 때문에 제가 2년 정도 더 기다려야 했지요.

(당시 아우구스티누스는 서른두 살로 약혼녀와는 20년 이상 나이 차가 났지만 이와 같은 일은 당시 로마에서는 흔한 일이었다.)

그즈음 친구들과 함께 속세를 떠난 공동체 생활에 대해 논의했습니다. 각자의 재산을 모아 공동 재산을 만들고 우정을 바탕으로 모두 한가족같이 살자는 것이었지요. 약 열 명 정도가 뜻이 있었는데 그중에는 로마니아누스같이 부유한 친구도 있었습니다. 그는 저와 같은 고향 출신으로 제가 카르타고로 유학 갈 때 경제적인 도움을 주었지요. 막강한 재력 때문에 로마니아누스의 의견은 영향력이 꽤 컸습니다. 우리는 매년 두 사람을 생활 책임자로 정해 필요한 물품을 공급하게 하고 나머지 사람들은 여유를 즐기자는 계획을 세웠습니다.

하지만 우리 중에는 이미 결혼한 사람도 있고 저처럼 결혼하려는 사람도 있었기 때문에 부인의 허락이 큰 걸림돌이었습니다. 결국 우리의 계획은 흐지부지되었고 우리는 다시 한숨 섞인 세상일에 휩쓸리며 살 수밖에 없었습니다.

이즈음 제 죄는 더 깊어졌습니다. 13년 동안 습관적으로 동침해 왔던 동거 여인을 완전히 버린 것입니다. 그녀는 제 아들까지 낳았지만 어머니는 그녀와 단호히 헤어지길 원했습니다. 정식 결혼에 방해가 된다고 생각한 것입니다. 동거 여인에게 깊은 애착을 가졌기 때문에 제 마음은 갈기갈기 찢기고 피투성이가 되었습니다. 그녀는 다시는 다른 남자와 살지 않겠노라 맹세하면서 아들을 남겨 둔 채 아프리카로 돌아갔습니다.

일이 이렇게 되자 저는 정식 결혼까지 남은 2년을 참지 못하고 또 다른 여인을 구해 끓어오르는 정욕을 해소했습니다. 이미 오래 전에 저는 정욕의 노예가 되었고 병든 제 영혼은 점점 기세를 더하는 정욕에 짓밟혀 신음하고 있었습니다. 동거 여인과의 이별에서 받은 상처가 채 아물지도 않았는데 저는 그런 꼴로 살았습니다.

오, 하느님, 당신은 제가 불행할수록 제게 더 가까이 다가오십니다. 당신은 진흙탕에서 뒹굴고 있는 저를 건져 내 깨끗이 씻어 주려 했지만 저는 그걸 모르고 있었습니다. 하지만 죽음에 대한 공포와 다가올 하느님의 심판에 대한 두려움 때문에 저는 소용돌이치는 육체의 향연에 더 이상 깊이 빠질 수 없었습니다. 저는 이미 진흙탕에 빠진 장님이었기 때문에 도덕적인 선과 아름다움의 빛을 볼 수 없었지요. 진정한 아름다움의 빛은 육체의 눈으로는 결코 볼 수 없고 오직 내면의 밝은 눈에만 보이는 것입니다.

아! 뒤틀린 삶이여, 주님을 떠난 불쌍한 제 영혼은 어디에서도 평안을 얻을 수 없었습니다. 오직 주님 안에서만 제 영혼의 안식이 있었던 것입니다.

제7권 신플라톤주의의 신선한 충격

마니교의 그늘에서 벗어난 아우구스티누스는 신플라톤주의 책들을 읽으며 신의 비물질성을 깨닫게 된다. 하느님조차 공간을 차지하는 어떤 물질적 존재라고 여겼던 이전의 생각을 버리고 물질을 넘어선 어떤 은유적 세계를 깨닫게 된 것이다. 제7권은 아우구스티누스가 서른한 살에 겪은 사상적 변화를 주로 말하고 있다.

당시 밀라노에서는 신플라톤주의가 전성기를 누리고 있었고 아우구스티누스 역시 그 영향을 강하게 받는다. 신플라톤주의란 3세기 경, 고대 그리스의 플라톤 철학을 그리스인 철학자 플로티누스가 새롭게 정리해 만든 사상이다. 플로티누스는 플라톤을 계승해서 정교하고 복잡한 사상을 그리스어로 저술했고 로마의 지성인들은 그의 저서들을 라틴어로 번역해 읽고 심취했다. 번역은 당시 로마에서 수사학과 철학으로 명성이 높았던 빅토리누스에 의해 이루어졌다. 아우구스티누스는 플로티누스의 글을 통해 부활한 플라톤의 사상을 읽고 깊은 감동과 새로운 지혜를 얻는다.

신플라톤주의는 육체적 감각을 억제하고 은유적인 힘과 내면적 성찰을 강조하는데, 이는 아우구스티누스에게 처음으로 철학의 중요성을 일깨워 준 키케로의 주장과 일맥상통한다. 성적 쾌락에 습관적으로 젖어 살던 아우구스티누스에게 신플라톤주의는 정신적으로 깊은 충격이었다. 신플라톤주의는 아우구스티누스의 시선을 정신적인 영역으로 옮겨 놓았고 나중에 그가 기독교로 마음을 돌리는 데 결정적인 도움을 준다.

한편 아우구스티누스는 악의 근원에 대해 계속 고민하다가 악은 인간 의지가 왜곡된 것일 뿐 실체가 없다는 쪽으로 생각을 정리한다. 즉, 하느님은 모든 피조물들을 선하게 지으셨고 하느님이 창조하지 않은 실체란 존재하지 않는다. 그러므로 어떤 부분이 다른 부분과 조화를 이루지 못해 악으로 보이는 것들도 조화를 찾으면 결국 선이 된다는 것이다.

또한 아우구스티누스는 신플라톤주의자들의 한계도 명확히 지적한다. 그들은 영혼이나 내면의 안식을 말하지만 참된 안식처로 가는 길은 모르며 그렇기 때문에 하느님의 은총이나 구원에 대해서 입을 다물고 있다고 지적한다. 그래서 아우구스티누스는 〈바울 서신〉을 읽으며 플라톤주의에서는 발견할 수 없었던 참다운 기독교의 진리를 발견해 낸다.

신은 물질적인 존재인가?

죄악에 물들어 있던 청년 시절이 가고 이제 저는 30대 중년의 나이에 접어들었습니다. 나이가 들수록 더욱 헛된 것에 얽매여서 평소에 우리 눈으로 감지할 수 있는 것 외에는 어떤 실체도 생각할 수 없었습니다.

하느님의 지혜에 조금씩 눈이 뜨이면서 예전처럼 하느님을 인간의 형상으로 이해하는 방식에서는 벗어났지만 그렇다고 달리 주님을 이해하는 법도 몰랐습니다. 그렇게 보잘것없는 존재였지만 저는 하느님 당신을 최고의 유일신으로 생각하고 당신을 불후, 불멸, 불변의 존재로 믿고자 애를 썼습니다.

저는 무엇이든 일정한 공간 안에 존재하지 않는다면 그것은 아무것도 없는 무라고 생각했습니다. 그래서 하느님이 인간과 같은 육신은 아니어도 공간을 차지하면서 모든 공간에 미치는 어떤 물질적인 실체로 상상했습니다. 그래서 세계 도처에 퍼져 있는 존재이거나 이 세계 바깥의 무한한 우주에 걸쳐 있는 어떤 물질적 존재라고 생각했지요.

땅과 하늘과 바다 어디에나 하느님이 임하시며 우주의 삼라만상 모든 것에 하느님이 가득 차 있다고 생각했지요. 이렇게 이해한 것은 다른 방법으로는 도저히 당신을 깨달을 수 없었기 때문입니다.

그러나 이건 잘못된 생각이었습니다. 그것은 마치 코끼리는 참새보다 몸이 커서 공간을 더 많이 차지하니까 하느님이 더 많이 임하고 있다고 말하는 것과 같이 우스운 생각입니다. 그러나 하느님은 그렇게 존재하시는 분이 아님은 명백합니다. 그러나 저는 여전히 어둠에 갇혀 있어서 몰랐으니 당신께서 아직 빛을 보여 주지 않으셨기 때문입니다.

악은 어디에서 태어났는가?

흔히들 말합니다. 자유로운 선택을 할 수 있는 인간의 의지가 악을 낳았고 그래서 하느님의 심판을 받아 고난을 당한다고. 저는 이 말의 참뜻을 이해해 보려고 애를 썼지만 명확히 이해되지 않았습니다. 이런 어려운 문제에서 벗어나려고 발버둥 칠수록 저는 점점 더 그 문제에 빠져들었습니다. 한 가지 분명한 것은 제게 자유 의지가 있고 무언가를 선택하는 주체가 바로 나 자신이라는 것입니다. 여기에 바로 죄악의 원인이 있습니다.

그런데 의문이 꼬리에 꼬리를 물고 일어났습니다. 누가 나를 만들었는가? 최고의 선이신 하느님이 아닌가? 그런데 왜 나는 악을 저지르고 선을 거역하는 의지를 지녔는가? 누가 내게 이런 악의 씨를 심어 놓았는가? 만일 악마가 저지른 일이라면 그 악마는 어디서 왔는가? 선한 천사가 사악한 의지에 따라 악마로 변했다면 그 사악한 의지는 어디서 온 것인가? 이런 복잡한 생각들이 저를 짓눌러 거의 숨이 막힐 것 같았습니다.

저는 악의 근원을 찾아보려 했지만 도저히 찾을 수가 없었습니다. 악의 뿌리와 씨앗은 무엇인가? 만약 본래 악한 질료(플라톤 철학에 나오는 개념으로 존재를 만드는 원료나 재료)가 있어 하느님이 그것으로 이 세상을 창조했다면 왜 하느님은 그 질료를 선하게 바꾸지 않으셨을까? 최고의 선이요, 전지전능한 하느님은 왜 그 악한 질료를 애초에 없애버리지 않았을까? 끝도 없는 의문들이 불안한 마음을 맴돌면서 기운이 빠졌고 진리를 발견하기 전에 죽지 않을까 하는 두려움마저 생겼습니다.

하지만 이제 우리의 주 예수 그리스도에 대한 믿음은 제 마음속에 확고히 자리 잡았습니다. 비록 여러 면에서 아직 체계가 없고 이해도 부족했지만 저는 그 믿음을 버리지 않았고 오히려 그 믿음은 매일 깊어지고 있었습니다.

점성술에서 벗어나다

    주님께 고백합니다. 저는 이제 완전히 점성술사들을 거부했습니다. 나이가 들어도 여전히 예리한 빈티키아누스와 훌륭한 친구 네브리디우스는 점성술의 오류에 대해 이미 제게 충고했었지요. 저는 그동안 고집스럽게 그들의 말을 거부했지만 주님은 끝내 제 고집을 치유해 주셨습니다. 이들은 때론 강력하게 때론 조심스럽게 말했지요. 미래를 정확히 예언하는 기술이란 결코 없으며 혹시 미래를 알아맞혔다 해도 그것은 극히 우연일 뿐이라고.

    또 피르미누스라는 웅변술에 능한 친구가 있었습니다. 그는 점성술에 정통하진 않았지만 그의 아버지로부터 점성술에 대해 배웠고 호기심으로 점성술사를 자주 찾곤 했지요. 그는 출세에 대한 관심으로 자기의 별자리 운수를 제게 물어보곤 했습니다. 저는 그저 생각나는 대로 추측해서 말해 주고는 제가 이미 네브리디우스의 견해를 받아들였기 때문에 이제 점성술을 우습게 본다고 했습니다.

    그러자 그는 자기 아버지로부터 들은 이야기 하나를 들려주었습니다. 피르미누스의 어머니가 그를 임신했을 때 그와 비슷한 시기에 아버지의 친구가 데리고 있던 어떤 하녀도 임신을 했다고 합니다. 우연히도 이 두 여인은 똑같은 시각에 각각 아들을 낳았답니다. 두 아이는 태어난 시각이 같으므로 별자리 운세가 똑같아야 하겠지요. 그런데 피르미누스는 부유한 아버지를 만나 좋은 교육을 받고 출세와 명예를 약속받았지만 하인의 자식으로 태어난 그 사람은 영영 종의 신세를 면치 못했습니다. 그렇다면 점성술사는 같은 별자리를 보고도 각자 처한 상황에 맞게 점을 쳐야 합니다. 결국 거짓말을 해야 한다는 거지요. 그러므로 별자리 점을 쳐서 맞추었다면 그것은 우연의 일치일 뿐 어떤 지식에 근거한 것이 아닙니다.

주님, 당신은 점성술의 쇠사슬에서 저를 풀어 주셨습니다. 하지만 악의 근원에 대해서는 아직도 해답을 찾지 못해 마음이 불안했습니다. 온갖 생각들이 제 마음을 이리저리 흔들고 있었지만 그래도 하느님에 대한 믿음은 유지했습니다. 당신은 한 줌의 티끌과 재에 지나지 않는 우리들을 불쌍히 여기시고 당신으로부터 벗어난 죄인을 바른 길로 이끌어 주셨습니다. 당신은 은밀한 치유의 손길로 제 부어오른 상처를 가라앉혔고 흐릿한 영혼의 시력을 밝혀 주셨습니다.

은유적인 것을 알려 준 플라톤주의

교만한 자를 물리치고 겸손한 자에게 은혜를 주시는 주님, 당신은 제게 플라톤주의(여기서 플라톤주의란 3세기 경, 플라톤 철학을 그리스인 철학자 플로티누스가 새롭게 정리한 신플라톤주의 사상을 말한다.) 책들을 볼 기회를 주셨습니다. 그리스어로 된 플라톤주의 철학서를 라틴어로 번역한 책을 저는 어떤 거만한 이(총독을 지내다가 말년에 밀라노에서 플라톤주의를 믿었던 만리우스 테오도루스로 추정됨.)를 통해 접하게 되었습니다.

그 책들은 같은 내용을 여러 방식으로 논증하며 설명했고 저는 그 내용을 마음에 깊이 새기면서 그동안 의문스러웠던 새로운 진리들을 발견했습니다. 그것은 태초에 말씀이 있었다는 창조의 진실, 당신의 독생자 그리스도가 시공을 초월한 영원한 존재라는 진리, 그리고 당신의 영광을 사람이나 짐승의 형상으로 바꾸어 놓았던 우상의 허구 등에 대한 것들이었습니다.

저는 플라톤주의 책들을 읽으면서 자기 자신으로 돌아가라는 충고를 새겨들었고 주님의 도움에 힘입어 제 내면 깊숙이 들어갈 수 있었습니다. 제 영혼의 깊은 곳에서부터 저는 주님의 영원한 빛을 보았습니다. 희미한 육신의 시력으로는 볼 수 없는 그 빛은 진리를 아는 자만이 보고 그것을 보는 자는 영원을 알게 되는 그러한 빛입니다.

오, 주님, 당신은 진리요 사랑이요 영원이십니다. 저는 당신을 향해 밤낮으로 한숨짓습니다. 저는 당신으로부터 멀리 떨어진 어딘가에 서서 저 높은 데서 들려오는 당신의 목소리를 듣습니다.

"나는 성숙한 어른들을 위한 양식이다. 너희들이 자라면 나를 먹어라. 너희가 섭취한 음식처럼 나를 너희의 몸으로 만들지 말고 너희가 나처럼 변하도록 하라."

존재하지 않는 악

주님의 밑에서 살아가는 피조물들은 절대적으로 존재하는 것도 아니요, 절대적으로 존재하지 않는 것도 아닙니다. 왜냐하면 그들은 당신으로부터 나왔기 때문에 존재한다고 할 수 있지만 당신과 같은 존재가 아니므로 진정한 존재라 할 수 없습니다. 진정한 존재는 주님과 같이 변치 않는 것입니다. 하느님은 스스로 존재하시면서 만물을 새롭게 하십니다.

그리고 타락하기 쉬운 것들도 선한 것임을 저는 분명히 알게 되었습니다. 만약 그것들이 최고선이거나 혹은 전혀 선이 아니라면 타락할 것이 없기 때문에 결코 타락하지 않겠지요. 타락한다는 것은 어떤 해를 끼치면서 선을 깎아 먹는 일입니다. 그러므로 어떤 존재가 타락한다는 것은 자기의 선을 점점 상실하는 것입니다. 만약 선을 모두 상실했다면 그것은 더 이상 존재하지 않습니다. 그러므로 존재하는 것은 모두 선한 것입니다.

제가 그토록 고민해 왔던 악은 실체가 없습니다. 만약 악이 타락할 수 없는 실체라면 그것은 최고의 위대한 선을 말하는 것이요, 만약 악이 타락할 수 있는 실체라면 그 안에 선을 지니고 있다는 말이 됩니다. 그래야만 선이 조금씩 깎이면서 타락한다는 말이 성립됩니다. 그러므로 악이란 실체가 없습니다. 하느님은 모든 피조물들을 선하게 지으셨고 하느님이 창조하지 않은 실체란 결코 존재하지 않습니다.

하느님에게는 그리고 하느님께서 만드신 모든 피조물에는 악이 존재하지 않습니다. 물론 어떤 것들은 다른 부분과 조화를 이루지 못해 악이라고 불릴 만한 것도 있습니다. 하지만 이런 것들도 다른 것과 조화를 이루면 선이 되기 때문에 그것도 결국 선입니다. 그러므로 '이런 것들은 좀 사라졌으면.' 하고 바랄 만한 것은 세상에 없습니다. 저는 이제 세상 전체를 보고 확실하게 깨달았기 때문에 더 이상 어떤 것이 좋아지기를 바라지 않습니다. 우수한 것이 열등한 것보다 낫긴 하지만 좀 더 깊이 생각해 보면 우수한 것들만 존재하기보다 열등한 것들과 어울려 조화를 이룰 때 더욱 의미가 있습니다.

　건강한 사람의 입에는 맛있는 빵이 병든 사람의 입에는 쓰고, 건강한 사람의 눈에 비친 아름다운 햇살이 병든 사람의 눈에는 피하고 싶은 괴로운 빛입니다. 이렇듯 악한 자들은 하느님의 정의를 싫어합니다. 하느님에게서 멀어질수록 이 세계의 낮은 곳에 있게 되며 하느님을 닮을수록 높은 곳에 있게 됩니다. 그러므로 악하다는 것은 어떤 실체가 아니라 지고한 하느님으로부터 벗어나 자신의 생명을 저버리고 왜곡된 의지만 좇아 밖으로 교만해진 것을 말합니다.

그리스도와 인간

　하느님과 인간 사이를 이어 주시는 주 예수 그리스도를 발견하고서부터 저는 주님으로부터 기쁨과 힘을 얻고자 노력했습니다. 하지만 저는 여전히 오만불손해서 예수 그리스도의 겸손이 무엇인지 몰랐습니다.

　저는 그리스도를 뛰어난 지혜를 지닌 어떤 인간으로만 생각했습니다. 저는 말씀이 육신이 되신 성육신(聖肉身)의 신비를 이해하지 못했고 그리스도 안에 있는 '먹고 마시고 자고 깨어나는 인간'만을 생각했습니다. 그리스도를 진리의 구현체로 보지 않고 완벽한 지혜를 갖춘 탁월한 인간으로만 여겼던 것입니다.

반대로 알리피우스는 그리스도에게는 전혀 인간적 속성이 없다고 주장했습니다. 그는 예수의 신성만을 믿는 이단설에 빠져 한동안 힘든 시간을 보내다가 나중에 기독교 신앙을 제대로 받아들였습니다. 저와는 정반대의 오류를 겪었던 셈이지요.

저는 플라톤주의 책들을 통해 은유적 진리를 추구해야 한다고 배웠습니다. 주님은 어떤 제한된 공간에 흩어져 계시는 존재가 아니라 그 자체로 무한하며 불변하는 존재라는 것도 알게 되었습니다. 하지만 여전히 나약한 마음 때문에 주님을 통한 참다운 기쁨을 누리지 못하고 있었습니다. 여태껏 충분히 벌을 받았지만 아직도 교만한 지식에 사로잡혀 참회의 눈물을 흘릴 줄 몰랐습니다.

플라톤주의자들은 지식을 통해 주님을 추측할 수는 있어도 주님께 고백할 줄을 몰랐고, 목표가 무엇인지는 알아도 거기에 도달하는 방법은 몰랐습니다. 그러므로 저는 축복의 땅으로 가는 길을 아는 사람과 플라톤주의자를 구분하게 되었습니다.

은총의 사도 바울

저는 성령으로 쓰인 글들 가운데 특히 사도 바울의 책을 붙잡았습니다. 한때 저는 사도 바울에게 모순이 있고, 그의 말이 율법이나 선지자들의 증언과 맞지 않다고 생각하기도 했습니다. 이제 그런 생각은 모두 사라지고 떨리는 즐거움으로 그의 책을 읽기 시작했습니다.

제가 플라톤주의 책을 통해 배운 진리가 성서에서는 하느님의 은총에 대한 찬양과 함께 담겨 있었습니다. 그러므로 볼 수 있는 자들은 볼 수 있는 능력이 마치 자기 것인 양 교만해서는 안 됩니다. 사람이 가진 것 중에 주님으로부터 받지 않은 것이 무엇이 있겠습니까?

플라톤주의자들의 책에는 헌신의 모습, 고백의 눈물, 그리스도의 희생, 고통받는 겸손한 영혼, 당신 백성에 대한 구원, 구원의 잔 등의 내용이 담겨 있지 않습니다. 그 책에는 "수고하고 무거운 짐 진 자들아, 모두 다 내게로 오라."라는 구원의 목소리가 들리지 않습니다. 플라톤주의자들은 산 정상에서 저 멀리 평화의 땅을 보았지만 거기에 도달하는 길을 찾지 못한 사람과 같습니다. 그들의 길은 하느님의 군대의 호위를 받으며 평화의 땅에 안전하게 도달하는 하느님의 길과는 아주 다릅니다. 사도 바울의 글은 제 마음을 파고들었고 저는 주님이 제게 오셨음을 생각하면서 경외감에 온몸을 떨었습니다.

제8권 기독교인으로 거듭나는 진통

아우구스티누스는 마치 눈먼 장님이 눈을 뜨듯, 갈등의 극치에서 마음을 돌려 완전히 기독교에 귀의한다. 이때는 아우구스티누스가 서른두 살되던 해였다. 제8권은 아우구스티누스가 기독교인으로 거듭나는 과정을 보여 준다.

결단을 내리지 못하고 방황하던 아우구스티누스는 심플리키아누스 사제를 찾아가 괴로운 마음을 호소했다. 노인이 되어 더욱 원숙해진 심플리키아누스는 아우구스티누스의 마음을 꿰뚫어 보면서 빅토리누스가 어떻게 기독교에 귀의했는지 들려준다. 빅토리누스의 생애를 듣고 아우구스티누스의 내면에서는 그를 닮고 싶다는 생각이 불같이 일어났지만, 쾌락의 유혹은 '조금만 더'라고 하며 그의 발목을 붙잡았고 신을 열망하는 마음과 달리 몸은 하느님께 달려가지 못했다.

또한 아우구스티누스는 폰티키아누스로부터 향기로운 수도원과 고독한 수도사들의 삶에 대해서도 들었다. 특히 폰티키아누스의 동료 두 사람이 관직도 버리고 약혼마저 파기한 채 수도사의 길을 택했다는 이야기를 듣고 아우구스티누스는 충격을 받고 부끄러움을 느낀다. 현실에 안주한 채 갈등의 세월만 보내고 있는 자신에게 결단을 촉구하는 순간이었다.

진리에 이르는 길은 그다지 멀지 않았고 오직 강한 의지만 있으면 된다는 사실을 알았지만 이를 가로막는 다른 세속적 욕망들 때문에 그는 절망한다. 어느 정원의 무화과나무 아래에서 폭포 같은 눈물을 하염없이 쏟으며 자신과 싸움을 벌이는 도중 아우구스티누스는 "집어 들고 읽어라."라는 어린아이의 노랫소리를 듣는다. 즉시 성경을 펴서 "방탕하지 말고 음란하지 말라."라는 구절을 본 순간 그는 기독교에 대한 확신을 얻게 되고 마침내 오랜 방황에 종지부를 찍는다.

흘러간 30여 년의 세월은 결국 이 순간을 위한 치열한 몸부림과 같은 것이었다. 기독교인으로 새로 태어난 아들에게 어머니는 너무나 큰 기쁨을 느끼고 춤을 추며 하느님께 감사드린다. 아우구스티누스가 기독교로 완전히 회심하는 이 장면은 《고백록》의 절정이라고 할 수 있다.

새로 태어난 빅토리누스

이제 저는 당신의 말씀이 영원한 생명임을 확신합니다. 아직은 청동 거울로 보는 것처럼 희미하지만 주님은 모든 피조물을 만드신 영원한 존재임을 추호도 의심하지 않습니다. 진실로 바라건데 지식이나 학문으로 하느님을 알기보다 참다운 마음으로 당신 안에 머무르고 싶습니다.

과거에 저를 사로잡았던 돈과 명예욕은 이제 사라졌습니다. 오히려 그런 것들이 무거운 짐으로 다가오기 시작했지요. 하지만 여인에 대한 사랑과 정욕의 손길만은 쉽사리 나를 놓아주지 않고 있었습니다.

저는 나이 든 심플리키아누스 사제를 찾아갔습니다. 그는 당신의 충실한 종으로서 깊은 학문과 풍부한 경험을 갖춘 인물입니다. 본래 로마의 사제였던 그는 암브로시우스가 밀라노의 주교로 선임되자 그를 보좌하기 위해 밀라노로 왔습니다. 제가 무척 존경했던 암브로시우스는 그를 신앙의 아버지처럼 여기며 가까이 지냈습니다. 저는 심플리키아누스에게 미로에 갇혀 방황하는 제 삶을 이야기했고 플라톤주의자들의 책을 읽었다고 말했지요. 그러자 심플리키아누스는 자신과 로마에서 친하게 지냈던 빅토리누스에 대한 이야기를 들려주었습니다.

빅토리누스는 수사학이나 철학에 탁월했던 인물로 여러 원로원 의원들의 스승이었습니다. 그는 수많은 철학서를 읽고 훌륭한 가르침을 펼쳐 사람들의 존경을 한 몸에 받았고 로마 광장에는 그를 기념하는 동상이 세워지기도 했지요. 하지만 나이가 들어서도 우상을 숭배했고 당시에 많은 로마 귀족들이 열광했던 신성 모독적 종교 의식에 참가하곤 했습니다. 한때 로마에게 정복당했던 괴상한 신들 - 오시리스, 개의 신 아누비스, 그리고 괴물 같은 잡신들 - 을 로마인들이 다시 열광적으로 숭배하는 상황에서 나이 든 빅토리누스도 이에 가담한 적이 있습니다.

그러나 그는 그리스도의 종으로, 주님의 어린아이로 다시 태어나기를 주저하지 않았습니다. 주님은 어떻게 해서 빅토리누스의 마음을 파고들었을까요? 그는 성서와 기독교 문헌들을 탐독한 다음 "내가 이미 기독교인이란 사실을 아는가?"라고 심플리키아누스에게 물었고 심플리키아누스는 "내가 자네를 교회에서 보지 않는 한 그 말을 어찌 믿겠는가?"라고 대답했다고 합니다. 그러자 그는 "교회 울타리가 기독교인을 만드는가?"라고 반문했습니다.

그 후 독서와 명상으로 용기를 얻은 그는 어느 날 갑자기 심플리키아누스에게 "교회에 가세, 난 기독교인이 되기로 결심했네."라고 말했고 곧 세례 희망자 명단에 자신의 이름을 등록했습니다. 빅토리누스의 변신에 로마인들은 경악했지만 교회는 기쁨에 넘쳤습니다.

드디어 빅토리누스가 신앙 고백을 하는 날이었습니다. 당시 로마에서는 기독교에 입문하는 신자들이 높은 단 위에 올라가 많은 신자들 앞에서 교리를 암송하고 신앙 고백을 했습니다. 단 수줍음이 많은 사람은 개인적으로 조용히 고백할 수도 있었지만 말이지요. 사제들은 빅토리누스에게 원한다면 조용히 고백하라고 허락했지만 빅토리누스는 자기의 구원을 공공연히 밝히겠다고 했습니다. 로마인이라면 아마 그를 모르는 사람은 없을 겁니다. 그가 단상에 오르자 군중들은 환호하면서 "빅토리누스! 빅토리누스!" 하고 외쳤고, 그가 신앙을 고백하는 순간 그들은 박수를 치며 사랑과 기쁨에 겨워 그를 끌어안았습니다 .

큰 기쁨은 큰 고통 뒤에 옵니다. 고통을 겪어 본 사람만이 진정한 행복을 압니다. 주님도 절망과 위험에 처한 사람들이 구원을 얻을 때 더 기뻐하십니다. 회개할 필요가 없는 아흔아홉 명의 의인보다 한 명의 죄인이 회개할 때 더 기뻐하십니다. 빅토리누스보다 더 깊은 수렁에 빠졌던 자들 중에서도 주님께 가까이 간 사람들이 얼마나 많습니까? 빅토리누스의 이야기를 듣고 나도 그처럼 되고 싶다는 열망이 뜨겁게 솟구쳤습니다.

당시 율리아누스 황제는 기독교의 확대를 우려해 기독교인은 문학과 수사학을 가르치지 못한다는 법을 제정했습니다. 빅토리누스는 허망하게 떠들어야 하는 학교를 마침내 그만두고 완전히 주님의 길을 선택했습니다. 저는 그의 용기에 탄복했고 이제 주님께 모든 시간을 바칠 수 있는 그가 무척 행운아라고 생각했습니다.

나도 그처럼 되고 싶은 마음이 간절했지만 스스로 얽어맨 쇠사슬에 묶여 쉽게 빠져나오지 못했습니다. 왜곡된 의지가 정욕을 낳았고 정욕에 순응하면서 습관이 형성되었으며 습관에 몸을 맡기자 그것은 필연이 되었습니다. 이렇게 이어진 쇠사슬은 습관의 폭력이 되어 제 발목을 노예처럼 붙잡아 매었습니다. 주님을 향한 '새로운 의지'가 일어났으나 그것은 아직 약해서 막강한 '옛 의지'에 무릎 꿇고 말았습니다. 육체의 의지와 영혼의 의지는 서로 싸우며 제 영혼을 찢어 놓았습니다. 저는 당신의 말씀이 진리임을 확신했지만 제 몸은 "조금만 더, 조금만 더 달콤하게 자도록 내버려 두시오."라며 잠꼬대를 중얼거리고 있었습니다.

폰티키아누스가 들려준 이야기

정신적인 방황의 나날 속에서 저는 잠깐이라도 틈만 나면 당신의 교회를 찾았습니다. 그즈음 제 친구 알리피우스는 재무장관 보좌 임무를 마치고 다른 법률 자문일을 찾으며 나와 함께 지내고 있었습니다. 또 다른 친구 네브리디우스는 베레쿤두스의 조교 노릇을 하고 있었습니다. 우리 모두의 친한 친구인 베레쿤두스는 문법 교사로 일하면서 믿을 만한 조교를 찾고 있었지요. 부드럽고 친절한 네브리디우스는 친구의 부탁을 거절하지 않고 그 일을 수락했습니다. 그러나 슬기롭게 세상을 살아가는 네브리디우스는 가능한 한 많은 시간을 사색과 독서에 바치면서 조용히 지혜를 추구하며 살고자 했습니다.

어느 날 나와 알리피우스가 집에 있는데 폰티키아누스라는 사람이 우리를 찾아왔습니다. 그는 우리와 같은 북아프리카 출신으로 궁중에서 고위직을 맡고 있는 독실한 기독교 신자였지요. 함께 대화를 나누다가 그는 우리 탁자 위에 골치 아픈 수사학 책이 아니라 사도 바울의 서신이 놓인 것을 보고 기뻐하며 이집트의 수도사 안토니우스에 대한 이야기를 들려주었습니다.

안토니우스는 당시 기독교인들 사이에서는 잘 알려져 있었지만 저는 한 번도 들어 본 적이 없는 인물로 그에 대한 이야기는 나와 알리피우스를 매우 놀라게 했습니다. 폰티키아누스는 우리의 무지함에 놀라면서 향기 나는 수도원 생활과 광야에서의 고독한 삶에 대해 이야기해 주었지요. 우리는 처음 듣는 그 이야기에 열심히 귀를 기울였습니다. 그리고 밀라노 성 밖에도 암브로시우스가 돌보는 수도원이 운영되고 있다는 사실을 처음 알았습니다. 그는 그 이야기를 계속했고 다음과 같이 놀라운 자신의 경험담도 들려주었습니다.

황제가 경기장에 나가고 없던 어느 날, 폰티키아누스는 황실에서 근무하던 동료 셋과 함께 성 밖으로 나와 그 근처를 산책하고 있었습니다. 둘씩 짝을 지어 이리저리 거닐다가 두 사람이 작은 수도원에 우연히 들어가게 되었지요. 그런데 거기서 안토니우스의 생애를 담은 책을 읽고 한 사람이 큰 충격과 감동을 받았습니다. 그는 같이 온 사람에게 말했지요.

"이보게, 우리는 무엇을 위해 이토록 고생하며 살고 있는가? 우리는 무엇을 추구하며 살고 있는가? 출세 가도를 달리며 황제 주변의 사람이 되고자 기를 쓰고 있지만 그것은 얼마나 불안하고도 위험한 짓인가? 하지만 지금 내가 하느님의 친구가 되기를 원한다면 그것은 당장 가능한 일일세."

그는 책을 계속 읽어 가며 깊은 갈등에 신음하다가 말했습니다.

"이제 나는 모든 세속적 야심을 버리고 하느님만을 섬기기로 결심했네."

하느님의 종이 되는 길을 택하겠다는 말에 같이 간 동료도 감동을 해서 그도 함께 그 길을 가겠다고 했습니다.

한편 폰티키아누스와 다른 한 사람은 산책 도중 사라진 두 사람을 찾아 수도원에 왔습니다. 날도 저무니 이제 그만 돌아가자고 말하자 두 사람은 자신들의 결심과 그 과정을 설명하고 제발 말리지는 말라고 간청했습니다. 폰티키아누스와 나머지 한 사람은 세속을 저버리지 못하는 자기들 모습을 슬퍼하면서 그들에게 축복을 전하고 나왔습니다. 수도원을 택한 그 두 사람에게는 모두 약혼녀가 있었는데 그녀들도 나중에 약혼자의 뜻을 따라 하느님께 순결을 바치기로 결심했다고 합니다.

자신과의 격렬한 싸움

폰티키아누스의 이야기를 듣는 동안 저는 흉칙하게 일그러진 제 몰골을 정면으로 보았습니다. 그동안 애써 피해 왔던 제 더러운 실상을 똑바로 보게끔 주님이 저를 이끄셨습니다. 수도원을 선택한 그 두 사람에게 존경심이 타올랐고 그들과 비교되는 나 자신이 무척 혐오스러웠지요. 열아홉 살 때 키케로의 책《호르텐시우스》를 읽고 지혜에 대한 열정에 불을 붙인 지 어언 12년이 흘렀건만 저는 아직도 지혜를 탐구하는 일에 주저하고 있었습니다. 그리곤 "저에게 순결과 절제를 가르치소서. 그러나 아직은 아닙니다."라고 기도하며 갈망하는 정욕을 좀 더 즐기려 했고 신성 모독적인 마니교를 좇아 방황을 거듭했습니다. 이제 자신 앞에 벌거숭이로 서서 양심이 스스로를 준엄하게 꾸짖는 날이 다가왔습니다.

폰티키아누스가 이야기를 하는 동안 저는 부끄러움과 두려움에 몸 둘 바를 몰랐습니다. 그가 돌아간 뒤 저는 자책의 채찍을 휘둘렀지만 제 영혼은 뒷걸음질만 쳤습니다. 제 영혼과의 싸움으로 흥분한 저는 알리피우스에게 소리를 질렀지요.

"우리보다 교육을 못 받은 자들도 떨쳐 일어나 천국을 향해 가는데 학문을 닦은 우리는 이렇게 피와 살이 얽힌 진흙탕 속을 뒹굴어야 하는가? 정녕 부끄러운 일이 아닌가?"

저는 벌떡 일어나 우리가 세 든 집의 정원으로 뛰쳐나왔고 놀란 알리피우스도 따라 나왔지요. 저는 우유부단한 자신에 대한 분노로 온몸을 떨었습니다.

몸은 욕망에 따라 움직이지만 마음은 정작 마음의 요구에 순순히 응하지 않습니다. 왜 그럴까요? 주님, 자비의 빛으로 저를 비추어 올바른 답을 찾게 도와주소서. 마음이 몸에게 명령하면 즉시 따르지만 마음이 마음에게 명령하면 듣지 않습니다. 인간에게 내려진 은밀한 벌일까요, 아니면 아담의 자손들이 받아야 할 근본적인 고통일까요?

만약 마음이 원하는 것, 즉 의지가 100퍼센트 완전한 것이라면 굳이 마음에게 명령할 필요가 없지요. 의지하는 대로 이미 실현되었을 테니까요. 그런데 우리는 원함과 원하지 않음이라는 불완전한 두 의지를 안고 있으며 두 의지는 각기 다른 부족함을 지니고 있습니다. 그 둘 사이에 균열이 생길 때 우리는 마음의 병을 얻지요. 저는 오래 전부터 주님을 따르고자 했지만 그렇게 하려는 자신과 반대하는 자신이 늘상 함께 있었습니다. 저는 스스로 분열되어 있었습니다.

교만한 마니교도들은 인간 안에 선한 본성과 악한 본성을 가진 두 영혼이 있다고 주장합니다. 그것은 잘못된 생각이지요. 인간에게는 오직 하나의 영혼이 있으며 단지 서로 상반된 의지 사이에서 갈등과 분열을 겪을 따름입니다. 천상의 영원한 기쁨이 우리를 저 높은 세계

로 끌어올려도 지상의 순간적인 쾌락은 우리를 저 밑바닥으로 끌어
내립니다. 우리가 진리를 좇아 영원을 따르려 해도 습관 때문에 순간
을 따르며 분열의 고통을 받습니다.

저는 이전보다 더 강력하게 자신을 채찍질하며 거의 풀린 쇠사슬
을 완전히 끊기 위해 발버둥 쳤습니다. 주님께서도 제 마음 깊이 임
하시어 이전보다 훨씬 강력한 채찍으로 제 회개를 이끌어 주셨습
니다. 이제 과거의 비참한 모습으로 떨어질 가능성은 사라졌고 점
점 목표를 향해 자신이 움직이고 있음을 느꼈습니다. '지금처럼 이렇
게 계속 해 나가자.'라고 속으로 다짐했습니다. 하지만 습관으로 고
착된 제 속의 악은 강한 힘으로 다가올 미지의 선을 누르고 있었습
니다. 새로운 존재로 거듭나는 순간이 다가올수록 두려움도 커져 갔
습니다. 하지만 습관의 폭력은 점점 힘을 잃고 있었지요.

진리의 품으로

그런데 제가 두려워하며 다가가기를 주저하는 그곳에 순결한 절제
라는 여인이 위엄을 갖추고 나타났습니다. 밝고 환희에 찬 그녀는 거

룩한 손길을 뻗어 저를 품에 안아 주려 했습니다. 그녀의 품속에는 남녀노소를 막론하고 많은 순결한 사람들이 있었습니다. 절제의 여인은 저를 보고 미소 지으며 "이렇게 많은 사람들이 해내는 일을 네가 어찌 할 수 없겠느냐? 이들도 하느님의 도움으로 일어선 사람들이다. 너도 혼자서만 일어나려 하지 말고 자신을 하느님께 맡겨라. 두려워하지 말라. 주님께서 너를 치유해 주실 것이다."라고 말했습니다.

저는 솟구치는 눈물을 참지 못하고 혼자서 실컷 소리 내어 울리라 마음먹고 알리피우스 곁을 떠나 어느 무화과나무 밑으로 갔습니다. 제가 울음 때문에 목이 메이자 알리피우스는 놀라서 그 자리에 홀로 앉아 있었습니다. 강물처럼 제 눈에서는 한없이 눈물이 흘렀고 그것은 주님께 바칠 제 희생의 제물이었습니다. 저는 반복해서 주님께 여쭈었습니다.

"왜 제 더러운 삶은 끝나지 않나요? 이런 꼴로 얼마나 더 가야 합니까? 왜 지금은 안 됩니까?"

바로 그때 어린아이의 음성이 노래처럼 반복해서 들려왔습니다.

"집어 들고 읽어라, 집어 들고 읽어라."

저는 흘러나오는 눈물을 멈추고 일어났습니다. 지금 당장 성경을 펼쳐서 눈에 들어오는 구절을 읽으라는 하느님의 명령이라는 생각이 들었습니다. 제가 사도 바울의 서간을 알리피우스 곁에 두고 왔기 때문에 즉시 그에게로 돌아가 성서를 집어 들고 첫눈에 들어온 구절을 읽었습니다.

"방탕하고 술 취하지 말며, 음란과 호색을 즐기지 말며, 싸우고 시기하지 말라. 오직 주 예수 그리스도의 옷을 입고 정욕을 위해 육신의 일을 도모하지 말라."(〈로마서〉 13:13~14)

그 구절은 제 고뇌에 구원의 빛을 던졌고 모든 의심의 그림자를 단숨에 몰아냈습니다.

책을 덮고 제게 일어난 일을 이야기하자, 알리피우스는 제가 읽은 구절 다음에 나오는 "믿음이 약한 자들을 받아 주어라."(〈로마서〉 14:1)라는 구절이 자신에게 적용되는 말씀이라고 말했습니다. 저보다 착실한 성품을 지닌 그는 조금도 머뭇거리지 않고 진리를 향해 가겠다고 그 자리에서 결단했습니다.

우리는 바로 집으로 돌아가 어머니께 그 사이에 일어난 일들을 이야기해 주었지요. 어머니는 기쁨의 춤을 추면서 하느님을 찬양했습니다. 어머니가 그토록 애절하게 올린 기도가 마침내 성취되는 순간이었습니다. 이제 하느님은 저를 완전히 당신의 품속에 맞이하셨고 저는 어떤 욕망에도 마음을 빼앗기지 않기로 결심했습니다. 오래 전에 주님께서 어머니의 꿈에 보여 주신 대로 이제 저는 기독교 신앙의 교리 위에 어머니와 함께 굳건히 서게 되었습니다.

제9권 세례, 귀향 그리고 영원한 안식

기독교로 완전히 마음을 돌린 아우구스티누스는 수사학 교사직을 그만두고(386년) 카시키아쿰에 있는 친구의 별장으로 가서 오랜만에 평화로운 시간을 보낸다. 그곳에서 아우구스티누스는 친구들과 철학적으로 깊은 토론도 하고 사색도 하면서 자신의 초기 작품들을 저술했다. 그 후 아우구스티누스는 아들, 그리고 알리피우스와 함께 밀라노로 가서 암브로시우스 주교에게 마침내 세례를 받는다. 그가 서른세 살 때의 일이었다. 이렇게 방황했던 자신의 삶에 대한 고백은 제9권을 끝으로 일단 마무리된다.

참회의 눈물을 흘리며 세례를 치른 아우구스티누스는 더 이상 세속적인 미련이 없었기에 복잡한 도시 밀라노를 떠나 아프리카의 고향으로 돌아가려고 했다. 귀향 도중 그는 오스티아에서 어머니와 함께 시공을 초월한 신비한 일을 체험한다. 그리고 얼마 지나지 않아서 어머니 모니카는 열병에 걸려 9일 만에 56세의 일기로 세상을 떠났다. 언제나 자신을 위로하며 정신적인 지주 역할을 했던 어머니가 돌아가시자 아우구스티누스는 마음의 상처를 입고 깊은 슬픔에 잠긴다. 그리고 부모님이 하늘에서도 죄의 심판을 면하고 주님의 은총을 누릴 수 있게 되기를 열렬히 기도한다.

일흔여섯 살에 세상을 떠난 아우구스티누스는 어머니가 돌아가신 뒤의 삶에 대해서는 더 이상《고백록》에 쓰고 있지 않다. 다만 그가 서른여섯 살 되던 해에 절친한 친구 네브리디우스와 사랑하는 아들 아데오다투스가 자기보다 먼저 저세상으로 갔음을 제9권에서 살짝 비치고 있다. 세례를 받은 뒤에 아우구스티누스는 사제 서품을 받고 본격적으로 성직자의 길을 걸으며《고백록》을 집필하기 시작한다.

교사직 은퇴

주님, 이제 저는 어리석었던 과거의 달콤함에서 벗어나 주님의 품 안에서 진정한 달콤함을 맛보고 있습니다. 제가 그토록 손에서 놓기 두려워했던 일들을 미련 없이 놓고 나서 참된 기쁨을 누리고 있습니다. 제 영혼은 이제 야심을 좇거나 정욕에 불타오르지 않고 불안한 날들에서 해방되었습니다. 빛이요 영광이며 구원자이신 주님과 이제 진정한 대화를 나눌 수 있게 되었습니다.

저는 마침내 수사학 시장에서 말솜씨나 팔아먹는 교사직을 버리기로 결심했습니다. 하느님의 율법과 평화에는 관심이 없고 거짓과 논쟁에 마음을 뺏긴 학생들에게 더 이상 그들의 광기를 북돋우는 무기를 제 입으로 팔 수 없었습니다. 20여 일이 지나면 포도 수확기를 맞아 방학이 시작되므로 그때 정식으로 사표를 내기로 했습니다. 방학도 되기 전에 미리 사표를 내면 오만하고 과시적인 행동이라고 구설수에 오를지도 모르기 때문입니다.

더욱이 그 여름에는 학교 일이 너무 힘들어 제 폐도 호흡이 곤란할 만큼 약해졌습니다. 가슴에는 심한 통증이 있었고 오래 말하기도 힘들어, 교사직을 그만두든지 아니면 치료를 위해 휴직이라도 해야 할 형편이었지요. 그러던 중 하느님께 좀 더 가까이 가기 위해 조용한 시간이 필요하다는 판단이 들었습니다. 자녀 교육 때문에 저를 학교에 붙잡아 두려는 학부모들도 설득할 수 있었습니다.

하지만 방학까지 기다리는 동안 무척 힘들었습니다. 전에는 일이 힘들어도 돈에 대한 욕심으로 참았지만 이젠 물질에 대한 집착을 버렸기 때문에 학교를 정리하기까지 오직 인내심으로 버틸 수밖에 없었습니다.

영영 떠나간 친구들

　우리가 하느님께 귀의하기로 마음먹자 우리의 친구 베레쿤두스는 무척 당황하며 고민에 휩싸였습니다. 자신은 여전히 사회적 욕망의 쇠사슬에 묶여 있기 때문에 우리들과의 우정이 지속되기 힘들 것이라 생각했습니다. 이미 말했듯이 그는 밀라노에서 문법 교사를 했고 우리의 절친한 친구인 네브리디우스가 그의 조교로 일하고 있었지요. 그는 기혼자이기 때문에 아내에게 묶여 친구들과 함께 순례의 길에 참여하기 어렵다고 판단했습니다.

　그러나 그는 친절하게도 밀라노의 동북쪽 카시키아쿰이라는 소도시에 소유하고 있던 별장을 우리들에게 빌려주었지요. 그의 배려 덕분에 우리들은 몇 달 동안 세상의 풍파를 멀리하고 하느님의 은총을 듬뿍 누리며 편안히 지낼 수 있었습니다.

　우리가 밀라노를 떠나 타가스테로 귀향하는 도중에 로마에 잠시 머문 적이 있었는데 그때 베레쿤두스는 병에 걸려 눕고 말았습니다. 그는 병중에 세례를 받았고 하느님의 은총으로 자기가 지은 죄를 모두 용서받은 다음 영원한 안식처로 떠났습니다.

　베레쿤두스와 달리 네브리디우스는 하느님의 진리에 눈뜬 우리들을 축하해 주었지요. 하지만 그는 아직 기독교인이 아니었고 말씀이 육신이 되었다는 성육신 사상을 부인하고 그리스도의 신성만을 강조하는 이단에 빠져 있었습니다. 네브리디우스는 나중에 이런 오류를 벗어나 하느님의 품으로 돌아왔고 세례를 받았지요. 그리고 고향인 아프리카로 돌아가 순결하고 절제 있는 생활을 하며 온 가족을 기독교 신앙으로 인도했습니다. 그 후 주님은 그를 육신의 삶에서 해방시켜 아브라함의 품으로 데려갔습니다. 이제 그는 주님의 아들이 되어 영원한 안식을 누리고 있겠지요.

카시키아쿰에서 부른 노래

드디어 저는 수사학 교사직에서 해방되었습니다. 마음은 벌써 벗어났지만 이제 몸까지 자유롭게 된 것입니다. 저는 아들과 어머니, 몇몇 친구들과 함께 밀라노를 벗어나 한적한 카시키아쿰의 별장에서 몇 개월 동안 편안히 지냈습니다.

저는 그곳에서 오랜만에 찾아온 여유를 즐기며 《아카데미학파를 반박함》,《행복한 삶》,《질서론》,《독백록》 같은 여러 책들을 집필했지요. 이 책들은 친구들과 나눈 진지한 토론이나 주님께 올린 제 독백 등을 정리한 것들입니다. 또 멀리 있어 함께 지내지 못한 네브리디우스에게 자주 편지를 띄워 카시키아쿰에서의 평화로운 생활을 전했습니다.

주님은 우리에게 큰 사랑과 축복을 내려 주셨습니다. 특히 제 진정한 친구 알리피우스를 하느님의 독생자이신 우리 주 예수 그리스도에게 복종시킨 데 대해 깊이 감사드립니다. 한때 그는 제 책에서 그리스도의 이름을 발견하고는 꽤 경멸적이고 비판적인 태도를 보이며 좀 더 학구적인 글을 요구하기도 했지만 결국 하느님께 돌아왔습니다.

저는 교만하지 않고 경건한 다윗의 〈시편〉을 읽으며 어머니와 함께 그 별장에서 한가롭고 아름다운 시간을 보냈습니다. 어머니는 비록 여성의 옷을 입고 있었지만 남자보다 더 강한 신앙심과 경건함으로 자식을 사랑하고 하느님을 섬겼습니다. 저는 〈시편〉을 큰 소리로 읽으며 마니교도와 같은 교만한 자들에게 제 목소리가 들리길 원했습니다. 그들이 자신들의 병을 치료하는 해독제를 놓치지 않기를 바랄 뿐이었습니다.

제가 찾고 있는 참다운 행복은 제 밖에 있지 않고 햇빛 속에서 육안으로 볼 수 있는 것도 아닙니다. 외부에서 그런 기쁨을 찾으려고 애를 쓰면 쓸수록 더욱 공허해지며 눈에 보이거나 일시적인 것에 자신의 에너지를 쏟게 됩니다. 이제 자신들 안에 있는 영원한 빛을 보아야 합니다. 고통에 시달리던 제 마음 깊은 곳에서 저는 하느님의 빛을 보았고 새로운 삶을 위한 힘을 얻었습니다.

주님은 제 마음뿐 아니라 몸까지 치유해 주셨습니다. 저는 주님의 사랑이 얼마나 빨리 저를 구원하는지 몸으로 생생하게 느낀 적이 있습니다. 한번은 치통이 너무 심해 말조차 할 수 없는 괴로운 상황에서 문득 주위 사람들에게 제 건강을 위한 기도를 부탁했지요. 말도 못하고 종이에 글로 써서 부탁하자 사람들은 바로 그 자리에서 무릎을 꿇고 경건한 기도를 올렸습니다. 신기하게도 제 통증은 사라졌습니다.

저는 주님의 힘에 두려움마저 느끼며 마음속 깊이 당신을 믿었고 당신의 이름을 찬양했습니다. 그러나 아직 세례를 통해 지난날의 죄를 깨끗이 씻지 못했기 때문에 완전히 안심할 수는 없었지요.

방학이 끝날 무렵 저는 세례를 받기 위한 준비를 하며 암브로시우스 주교에게 편지를 띄워 성경의 어느 부분을 읽으면 좋을지 물었습니다. 그는 〈이사야서〉를 권했는데 아마 이사야가 다른 예언자들보다 그리스도의 복음과 이방인의 회심을 명확히 예언했기 때문일 것입니다. 하지만 첫 부분부터 이해하기 어려워 다음에 다시 읽으리라 마음먹었습니다.

거룩한 세례

마침내 세례를 신청할 때가 되어 우리는 카시키아쿰을 떠나 밀라노로 왔습니다. 이미 겸손과 절제력을 갖춘 알리피우스도 하느님 안에서 거듭나기 위해 저와 함께 왔지요. 또 제 죄로 태어난 제 육신의 아들 아데오다투스도 데리고 왔습니다.

아데오다투스는 열댓 살의 어린 나이였지만 유명한 학자를 능가할 정도로 재능이 있었습니다. 우리의 모든 허물을 선으로 바꾸시는 전능하신 주님, 아데오다투스는 주님이 제게 주신 선물입니다. 저는 오직 죄의 씨앗을 뿌린 일밖에 없지만 주님은 그에게 영감을 불어넣어 뛰어난 재능을 주셨습니다.

저의 책 《교사론》에서 저와 대화하는 인물이 바로 아데오다투스입니다. 책에서 다룬 내용들은 순전히 열여섯 살 난 제 아들의 생각입니다. 그의 탁월한 지성은 제게 경외감을 불러일으키곤 했지요. 그도 우리와 함께 세례를 받았고 세례 후에 과거의 죄에 대한 불안은 모두 사라졌습니다. 하지만 주님은 그를 일찍 이 땅에서 데리고 가 버리셨고 제 가슴은 미어졌습니다.

저는 세례식에서 주님을 향해 오묘하게 울려 퍼지는 찬송가를 듣고 감격의 눈물을 흘렸습니다. 교회에 아름답게 울려 퍼지던 성가는

얼마나 제 마음을 울렸는지 모릅니다. 경건해진 제 마음은 감동으로
벅차올랐고 저는 행복의 눈물을 쏟았습니다.

훌륭한 어머니

　서둘러 이 글을 쓰다 보니 많은 것을 놓치고 지나갑니다. 하지만
주님의 여종이신 어머니에 대해 제 마음에 떠오른 이야기들만은 지
나칠 수가 없습니다. 어머니는 저를 자신의 몸을 통해 시간의 빛 속
에 태어나게 했고 자신의 마음을 통해 영원함의 빛 속에 태어나게 했
습니다.

　어머니는 외할머니에게서보다 집안의 나이 든 하녀에 의해 어릴
때부터 좋은 교육을 받고 자랐습니다. 현명하고 품성이 좋았던 그 하
녀는 집안일을 잘 관리했고 어머니도 그녀의 정성 어린 충고와 관심
으로 좋은 습관을 기를 수 있었습니다.

　온화한 성품에 바르게 자란 어머니는 아버지와 결혼한 뒤에도 그
를 높이 섬겨 마침내 그를 주님께 인도했습니다. 주님은 어머니를 잘
인도하여 남편의 사랑과 존경을 한 몸에 받도록 했지요. 남편이 잘못

한 일이 있어도 인내로 극복하면서 남편과 다투지 않도록 그녀의 마음속에 주님의 힘을 불어넣었지요.

제 아버지 파트리키우스는 본래 친절한 사람이지만 성질이 급해 화를 잘 내곤 했습니다. 어머니는 그런 아버지와 충돌하지 않고 아버지가 진정되기를 기다렸다가 조용히 설명하곤 했지요. 이웃의 부인들이 남편에게 매를 맞고 나와 마구 남편을 험담하면, 어머니는 그러지 말라고 진지하게 충고하면서 결혼 서약서를 상기시키곤 했습니다. 어머니가 성질이 급한 남편에게 한 번도 맞지 않고 또 불평 없이 인내하며 잘 살고 있다는 사실을 아는 주변의 부인들은 어머니에게 깊은 경의를 표하곤 했지요.

한번은 제 할머니가 하녀들의 이간질에 의해 어머니를 오해하고 그녀에게 심하게 화를 낸 적이 있었습니다. 그때도 현명한 며느리는 인내와 온유함으로 시어머니를 설득해 그녀의 분노를 풀어 주었지요. 할머니는 며느리를 욕한 하녀들에게 엄하게 경고했고 고부간에 평화는 다시 돌아왔습니다. 어머니는 사람들의 마음을 잘 화해시키는 정신적인 교사와 같았습니다.

오스티아에서의 신비 체험

우리는 고향으로 가기 위해 아프리카행 배를 기다리며 잠시 티베리나 강변에 있는 오스티아에 머물렀지요. 그때 저와 어머니는 아주 신비한 체험을 하게 되었습니다. 우리는 정원이 내려다보이는 창가에 기대어 잠시 쉬면서 성자들의 영원한 생명에 대해 대화를 나누었습니다. 그리고 지상에서 누리는 정신적 · 육체적 · 감각적 쾌락이 아무리 황홀할지라도 성자들이 누리는 환희와는 비교가 안 될 것이라고 결론 내렸습니다. 주님의 진리가 넘치는 곳에서는 생명이 곧 지혜이며 지혜로 모든 것이 창조됩니다. 그 지혜는 과거에 있었던 그대로, 그리고 미래에 있을 그대로 '바로 현재'에 존재하는 지혜입니다. 왜냐하면 그 지혜에는 '있었다'라는 과거와 '있을 것이다'라는 미래가 없고 '있음'이라는 현재만이 있기 때문입니다.

우리는 그 지혜를 갈망하며 온 마음을 집중했고 급기야 모든 것을 초월한 영원한 지혜를 한순간 체험했습니다. 육체와 영혼이 번뇌와 혼란을 벗어나 고요해지면서 영원한 지혜와 만나는 신비한 체험을 한 것입니다. 만약 그것이 지속된다면 영생을 경험하게 되겠지요. 그때야말로 "주님의 기쁨에 참여"하게 될 것입니다.

이때 어머니가 제게 말씀하셨지요.

"내 아들아, 이제 내가 이 세상에 남아 있을 이유가 없구나. 나는 죽기 전에 반드시 네가 기독교인이 되는 것을 보고 싶었다. 그것이 내가 이 세상에 조금 더 남아 있기를 원한 단 한 가지 이유였다. 이제 너는 세상의 온갖 유혹을 끊고 하느님의 종이 되었으니 하느님은 나의 소망보다 더 풍성한 응답을 해 주셨다. 이제 내가 이 세상에 남아서 할 일이 더 무엇이 있겠느냐?"

어머니의 죽음

이런 일이 있은 지 닷새쯤 지나자 어머니는 심한 열병으로 몸져누우셨습니다. 나와 형은 슬픔에 잠겨 어머니 곁을 지켰는데 어머니는 의식이 잠시 회복되자 "나를 이곳에 묻어다오."라고 말씀하셨습니다. 형이 고향에 돌아가서 묻히셔야 하지 않느냐고 여쭙자 어머니는 우리를 나무라시면서 이렇게 말씀하셨습니다.

"내 몸은 어디에 묻혀도 상관없다. 그 때문에 염려할 필요는 조금도 없다. 부탁할 것은 오직 한 가지, 너희가 어디에 있든 나를 오직 하느님의 제단에서 기억해라."

이처럼 힘들게 입을 떼신 후 어머니는 침묵하셨습니다.

어머니는 고향의 아버지 무덤 곁에 당신이 묻힐 자리를 미리 마련해 두셨습니다. 비록 바다를 건너 고향을 멀리 떠나왔지만 어머니는 지상의 삶을 함께한 아버지와 한곳에 안장되기를 원했습니다. 그러나 그 희망도 어느새 사라진 듯 오스티아에 머물 때 어머니는 제 친구들에게 죽음의 행복을 이야기하곤 했습니다. 고향에서 이다지도 멀리 떨어진 곳에 묻히면 두렵지 않겠냐고 친구들이 묻자 어머니는 대답했습니다.

"하느님에게는 어떤 곳도 멀지 않다."

어머니는 병석에 누우신 지 아흐레 만에 세상을 떠났습니다. 그녀의 나이 56세, 제 나이 서른세 살 되던 해에 그토록 신앙심이 깊고 경건한 영혼을 지닌 어머니는 육신을 훌훌 벗어 버렸습니다.

어머니를 위한 기도

어머니의 눈을 감겨 드리고 나니 말할 수 없는 슬픔이 홍수처럼 밀려왔습니다. 어머니가 숨을 거두는 순간 아데오다투스도 큰 소리로 울었고 저도 아들을 따라 어린아이처럼 큰 소리로 울고 싶었지요. 하지만 엄숙한 장례식을 눈물로 채울 수 없어 솟구치는 눈물을 간신히 억눌렀습니다. 어머니는 병석에 계실 때 저더러 당신께 한 번도 거친 언사를 쓰지 않은 효자라고 칭찬하셨지요. 하지만 제 효도가 어찌 어머니가 자식에게 베푸신 정성에 미칠까요? 어머니는 언제나 제게 큰 위로가 되었기에 어머니가 없는 빈자리는 제 영혼에 깊은 상처를 남겼습니다.

어머니의 유해를 장지로 옮기고 무덤에 안치하기 전에 우리는 어머니를 위한 기도를 올렸습니다. 저는 슬프고 괴로운 마음으로 간절히 기도했지요. 그러나 하느님도 제 슬픔을 거두어 가시지 못했습니다. 잠시 눈을 붙이고 나니 마음이 조금 진정되어 저는 암브로시우스 주교가 지은 시를 하나 읊었습니다. 그러자 참았던 눈물이 다시 터져 나왔고 이번에는 마음껏 눈물이 흐르게 내버려 두었습니다.

그런데 슬픔의 눈물이 점차 두려움의 눈물로 변했습니다. 인간이 아무리 칭찬받을 삶을 살고 갔다 해도 주님의 준엄한 심판을 받는다면 지옥 불에 떨어지지 않을 자가 과연 몇 명이나 있을까요? 하지만 주님은 자비로우시므로 그토록 심하게 단죄하지 않겠지요. 비록 어머니가 경건한 신앙으로 주님을 찬양하며 살았지만 계율에 어긋나는 일이 한 번도 없었다고 할 수 없을 겁니다.

오, 생명의 주님, 혹시라도 어머니가 지었을 죄를 용서해 주소서.

어머니는 언제나 이웃을 사랑했고 그녀에게 빚진 자들을 용서해 주었습니다. 주님께서도 어머니가 당신께 진 빚을 용서해 주시고 그녀가 당신의 심판대에 오르지 않도록 은총을 베푸소서. 당신의 깊고 따뜻한 자비로움이 냉혹한 정의를 이기게 도와주소서.

어머니는 죽음을 앞두고 향유나 화려한 수의를 원하지도 않았고 비석을 세우고 머나먼 고향에 묻히기를 고집하지도 않았습니다. 오직 단 하루도 섬김을 멈추지 않았던 하느님의 제단에서 자신을 기억해 주길 바랄 뿐이었습니다. 하느님의 여종은 신앙의 사슬로 자신의 영혼을 당신께 단단히 묶어 놓았으니 아무쪼록 그녀가 당신의 보호에서 떨어져 나가지 않도록 도와주소서. 어머니가 아버지와 함께 당신의 품 안에서 평화와 안식을 누리게 하소서.

우리 주 하느님, 당신의 종이며 당신의 자식인 우리들에게 깊은 영감을 불어넣어 주소서. 나중에 이 책을 읽게 될 사람들도 주님의 여종과 그 남편을 당신의 제단에서 기억하게 하소서. 그리하여 어머니의 마지막 소원이 많은 사람들의 기도를 통해 이루어지게 하소서.

제2부 기억과 욕망

제10권만으로 구성된 제2부는 아우구스티누스가 기독교에 귀의한 뒤에 기억과 욕망의 문제에 대해 사색하고 분석하는 부분이다. 제1부가 아우구스티누스의 격정적인 젊은 날을 다루고 있다면 제2부는 아우구스티누스가 《고백록》을 집필하던 당시에 논쟁의 주제였던 기억과 욕망의 문제를 자신의 입장에서 펼치는 내용을 담고 있다. 여기에서 아우구스티누스는 기억이 하느님을 만나고 자신을 발견하도록 만드는 매체라는 독특한 의견을 제시한다.

Memory
제10권 기억, 위대하고 신비한 힘

앞서 제9권까지 아우구스티누스는 고뇌하며 방황하던 자신의 삶과 신앙의 여정에 대해 솔직하게 고백했다. 그래서 격렬한 감정과 회한에 휩싸이기도 했고 시적인 감상에 젖기도 했다.

그러나 제10권부터는 분위기가 사뭇 달라진다. 여기서부터 아우구스티누스는 기억의 문제, 시간과 영원의 문제, 창조의 문제 등 여러 신학적이고 철학적인 주제들을 차분하고 냉정하게 사색한다. 그리고 마니교도들이나 플라톤주의자들같이 자신과 의견이 다른 이들에게 비판적인 응답을 보낸다. 그래서 어떤 학자는 이를 두고 성격이 다른 두 책이 합쳐져 있다고까지 주장한다.

제10권에서 아우구스티누스는 기억의 문제에 대해 복잡한 사색을 전개한다. 기억이란 무엇인가? 하느님의 진리를 만나는 데 기억은 어떤 역할을 하는가? 기억과 마음의 관계는 무엇인가? 기억과 지식, 기억과 감정의 관계는 어떤 것인가? 그리고 망각이란 무엇인가? 이런 질문들을 던진다.

그는 하느님을 만나는 일도 자신을 발견하는 일도 모두 기억을 통해 이루어진다고 말한다. 신마저도 우리의 기억 안에 있다는 것이다. 하느님은 사람의 기억 속에 머무르고 기억 속에서 사람은 주님을 찾으며, 우리는 기억을 통해 주님의 은총에 응답한다고 말한다.

아우구스티누스에 따르면 기억은 엄청난 용량을 가진 보물 창고다. 그 안에는 없는 것이 없다. 기억의 힘은 대단해서 각종 사물의 이미지뿐 아니라 학문적 지식이나 정신까지 모두 망라해서 끌어안고 있다. 감각으로 인식할 수 없는 수학적 근본 원리 같은 것도 기억은 저장한다. 또 욕망·공포·기쁨·슬픔 같은 감정의 근원도 기억에 있다. 이런 감정들은 영혼이 그것을 경험하고 기억에 저장한 것이라고 본다.

아우구스티누스는 또한 기억의 문제에 이어서 인간을 유혹해 죄를 저지르게 만드는 세 가지 욕망, 육체의 욕망, 호기심의 욕망, 교만함을 분석한다. 세례를 받고 성직자의 길을 걸어가는 순간에도 그는 식탐에 휘둘리고 귀와 눈의 유혹에 빠졌다고 고백한다. 또 끊임없이 존경받고 싶고 칭찬받고 싶은 욕망도 벗어나기 힘든 커다란 유혹이라고 말한다.

그래서 아우구스티누스는 자신의 신앙이 세례를 통해 완성된 것이 아니라 세례를 통해 비로소 진정한 신앙생활을 시작할 수 있었다고 말한다. 《고백록》의 뒷부분을 집필할 때는 세례를 받은 지 10여 년이 지난 시점이었지만 그는 여전히 내면에서 꿈틀거리는 정욕과 여전히 남은 쾌락의 습관들에 시달리고 있음을 정직하게 고백했다. 그리고 오감을 통해 끊임없이 유혹을 받지만 어떻게 그것을 다스려 나갔는지 이야기하면서 인간의 이런 나약함을 용서하시는 신의 은총에 감사드리며 제10권을 끝맺는다.

형제들에게 들려주는 《고백록》

　주님, 제 영혼에 임하시어 저를 당신의 뜻에 맞게 만드시고 당신의 순결한 소유물로 삼으소서. 자신에 대한 불만으로 저는 계속 한숨이 터져 나옵니다. 정녕 부끄러운 나 자신을 버리고 빛이요 행복이신 당신을 선택하려 합니다.

　그런데 왜 제가 독자들로 하여금 《고백록》을 읽도록 할까요? 그들이 제 고백을 듣고 각자의 병을 치유할 수 있어서일까요? 그러나 인간은 타인의 삶에는 관심이 많아도 자기의 삶을 바로잡는 데는 무관심합니다. 사람들은 남의 고백은 듣고 싶어 해도 정작 자신들이 누구인지 주님이 말씀해 주시면 제대로 들으려 하지 않습니다.

　오, 병든 영혼을 치유하시는 주님, 제 고백이 사람들에게 어떤 영향을 미칠까요? 사람들이 제 과거의 죄악을 읽으며 자신들의 마음을 움직일 수 있게 하소서. 그들이 "나는 안 돼."라고 하면서 절망 속에 주저앉지 않고 주님의 은총과 사랑 속에서 굳건히 일어나게 하소서. 모든 나약한 자들이 주님의 은총에 의지해 힘을 얻도록 하소서.

　제 기쁨에 동참하기 위해 혹은 제 죄악을 위해 기도하기 위해 저의 고백을 듣고자 하는 사람들에게 저는 진심으로 제 자신을 보여 주겠습니다. 저로 인해 많은 이들이 주님께 감사하고 기도를 올린다면 그

또한 적지 않은 선물이 될 것입니다. 그들은 저를 통해 주님이 가르치신 대로 사랑하거나 슬퍼하며 제게 형제 같은 마음을 보여 줍니다. 그들이 저를 수용하든 거부하든 그들은 저를 사랑합니다. 그들에게 서슴지 않고 저를 보여 주겠습니다.

제가 이렇게 과거와 현재를 고백하는 것은 은밀한 제 슬픔과 기쁨을 주님께만 보여 드리기 위해서가 아닙니다. 믿음의 형제요 기쁨을 나누는 동료이자 세상을 함께 살아가는 이웃들 모두에게 들려주기 위함이기도 합니다. 주님은 제게 명령하셨습니다. 제가 주님과 더불어 살고자 한다면 다른 사람들을 주인처럼 섬기라고요.

주님, 당신은 유일한 심판자이며 창조주이시기에 모든 것을 완벽하게 알고 계십니다. 주님은 우리가 이겨 낼 수 없는 유혹은 주시지 않으며 유혹을 당해도 우리가 빠져나갈 길을 열어 주신다고 저는 믿고 있습니다. 그러므로 제가 아는 것뿐만 아니라 모르는 것도 모두 당신과 이웃들에게 고백하려 합니다.

감각과 영혼

주님, 저는 당신을 막연한 느낌이 아니라 확실한 의식을 갖고 사랑합니다. 당신의 말씀이 제 마음을 꿰뚫은 뒤부터 저는 당신을 사랑하게 되었습니다. 그러면 제가 주님을 사랑한다고 할 때 저는 주님의 무엇을 사랑하는 것입니까? 그것은 물질적인 아름다움도, 일시적인 영화도, 달콤한 노랫소리도, 꽃과 같은 향기도, 포옹하기 좋은 부드러운 육체도 아닙니다. 하지만 저는 그 모든 것을 또한 사랑합니다. 주님은 제 빛이요 향기요 노래이므로, 제 영혼은 빛으로 충만하여 시간이 붙잡지 못한 소리를 듣고 바람이 뿌려 주지 못한 향기를 맡습니다. 당신을 사랑한다고 할 때 저는 이 모든 것들을 사랑하는 것입니다.

건강한 감각을 가진 사람들은 이 세상의 아름다움을 자연스레 느낍니다. 그러나 감각을 통해 전달된 것을 판단하는 이성이 없다면 어떤 아름다움도 그 의미를 가질 수 없습니다. 온갖 피조물들이 겉으로는 똑같아 보여도 이성적 판단력을 갖춘 자에게는 깊이 반응하고 그저 단순히 바라보는 자에게는 침묵합니다. 즉, 감각을 통해 인지한 것들을 내면의 진리와 비교하고 판단할 수 있는 영혼을 가진 자들만이 그 세계의 참뜻을 알 수 있습니다.

영혼은 육체보다 우월하기 때문에 육체가 부여할 수 없는 생명을 우리에게 불어넣어 줍니다. 영혼은 우리 육체의 생명이고 하느님은 그 영혼의 생명이십니다. 그러므로 하느님은 생명의 생명이라고 할 수 있지요. 제가 하느님을 사랑할 때 저는 육체의 감각을 통해서가 아니라 제 마음속 깊은 영혼을 통해 고귀한 생명이신 당신께 올라가는 것입니다.

기억이라는 보물 창고

주님께 한 단계씩 올라가다 보면 우리는 기억이라는 거대한 궁전에 도착합니다. 그곳에는 감각을 통해 지각된 사물들의 이미지가 셀 수 없이 많이 보관되어 있지요. 사물들이 감각을 통해 지각되면 그 이미지는 기억이라는 보물 창고에 차곡차곡 저장됩니다. 기억 속에는 우리가 지각한 것들이 조금씩 변형되거나 망각되지 않은 채 여러 가지 모습으로 담겨 있지요. 신비하고도 은밀한 그 창고에서 무엇을 찾으면 어떤 것은 즉각 튀어나오지만 어떤 것은 구석에 박혀 있다가 한참 만에 나옵니다.

기억이라는 창고에는 귀, 코, 입, 눈 같은 여러 감각기관을 통해 지각된 다양한 소리, 냄새, 맛, 모양들이 이미지로 저장되어 있습니다. 그 이미지가 어떻게 해서 만들어졌는지 알 수는 없습니다. 단지 우리는 이런 이미지들을 기억의 창고에서 마음대로 불러낼 수 있기 때문에 지금 꽃 냄새를 맡지 않고도 제비꽃 향기와 백합꽃 향기를 구분할 수 있지요.

저는 그곳에서 나 자신(자의식)을 만나고 기억합니다. 제 과거의 경험을 꺼내 보기도 하고 미래의 행동을 예상하기도 합니다. 만약 기억 속에 나에 대한 이미지들이 보관되어 있지 않다면 저는 아마 나에 대해 한마디도 말하지 못했을 것입니다.

오, 주님, 기억의 힘은 너무나 위대합니다. 기억의 방이 얼마나 크고 깊은지 과연 누가 알 수 있을까요? 기억의 힘은 제 마음의 힘이요, 자연으로부터 부여받은 힘입니다. 하지만 저는 제 모습을 모두 잡아낼 수 없습니다. 제 마음이 아주 제한되어 있기 때문이지요.

사람들은 드높은 산봉우리나 거대한 파도, 쏟아지는 폭포, 별들의 운행 같은 것들에 경탄하지만 정작 자신이 가진 기억의 힘에 대해서는 무관심합니다. 어떤 것을 직접 보지 않고도 우리가 그것을 느끼고 말할 수 있다는 사실에 조금도 놀라지 않지요. 하지만 인간의 이런 능력에 저는 경탄을 금할 수 없습니다. 그런 것들을 제 기억 속에서 이미지로 보지 않았더라면 저는 한마디도 표현하지 못했을 겁니다.

지식과 기억

　기억은 또한 학문을 통해 배운 지식들을 간직합니다. 문학이나 논리학이나 여러 분야의 지식들은 기억이라는 내면의 장소에 깊이 저장되어 있지요. 하지만 지식의 경우 감각에 의해 지각된 이미지와는 성격이 좀 다릅니다. 어떤 냄새가 바람을 타고 순식간에 사라져도 우리 기억 속에 그 냄새가 이미지로 남아 있는 그런 경우와는 다르지요.

　우리가 어떤 사물에 대해 "그것은 존재하는가?", "그것은 무엇인가?", "그것은 어떤 종류의 것인가?"라고 물을 때 그 음성은 바람처럼 스쳐 가 버리지만 그 소리가 표시하는 본질적인 의미는 육체의 감각에 의해서가 아니라 오직 마음으로 파악합니다.

　지식은 감각을 통해 기억 속에 들어온 것이 아니라 실체로서 기억 속에 존재했습니다. 제가 어떤 지식을 배워서 알게 된 것은 제 마음이 그것을 판단하고 인정하고 동의했기 때문입니다. 그리고 부르면 바로 달려 나올 수 있도록 제 마음속 어딘가에 위탁해 두었던 것입니다.

　지식은 제가 배우기 전부터 이미 존재했지만 제가 배우기 전에는 기억에 나타나지 않았지요. 지식은 기억 속 멀고 깊숙한 비밀의 동굴 같은 곳에 묻혀 있었습니다. 누군가 제게 그것을 가르쳐 주고 주의를 기울여 파내게 하지 않았다면 아마 영영 생각조차 못했을지도 모릅니다. 그러므로 배운다는 것은 상기하는 것입니다. 우리가 어떤 이미지를 갖지 않고도 그 본질을 알게 된다는 것은 무질서하게 기억 속에 흩어져 있던 것들을 생각을 통해 다시 모은 결과입니다. 주의를 집중해 깊고 먼 기억 속의 것을 가까운 곳으로 질서정연하게 보관하는 것입니다. 그래서 라틴어 단어 cogo(모으다)는 cogito(생각하다)와 깊은 관련이 있지요.

또 기억은 '수와 크기의 법칙'에 대해서도 수많은 내용을 담고 있습니다. 수와 크기는 맛이나 향기처럼 육체적 감각을 통해 기억 속에 새긴 것이 아닙니다. 순수한 수학적인 선은 어떤 물체의 선을 생각하지 않고 자기 내면에서 아는 선입니다. 수학적인 수는 존재의 영역에 속하는 정신적인 수로 그것도 기억 속에서 알게 된 것입니다.

우리는 이런 것들을 기억 속에 간직하고 있고 그것을 처음에 어떻게 배웠는지도 기억하고 있습니다. 제가 과거에 배운 것도 현재 이해한 것도 모두 기억 속에 저장했습니다. 미래에는 현재 기억한 것을 다시 기억하게 되겠지요. 그러므로 저는 제 기억을 기억합니다.

기억은 마음의 위장

　제 기억 속에는 여러 가지 감정들도 보관되어 있습니다. 그것들은 경험한 그대로가 아니라 기억한 대로 조금씩 변형을 거쳐 저장됩니다. 예를 들면 과거의 육체적 고통을 지금은 행복으로 기억할 수 있지요. 육체와 마음은 별개이지만 마음은 곧 기억입니다. 우리가 누군가에게 무엇을 기억하라고 할 때 '그것을 꼭 마음에 새겨 두라.'라고 하지요. 또 무엇을 잊어버리면 '마음에 떠오르지 않는다.'라고 말합니다. 그것은 기억이 마음의 위장과 같다는 뜻입니다. 마음의 위장에는 기쁨과 슬픔 같은 감정들이 달거나 쓴 음식처럼 담겨 있습니다. 위장에 음식이 들어 있어도 그 맛을 볼 수 없듯 기쁨과 슬픔이 기억에 들어 있어도 우리는 그것을 그대로 맛볼 수는 없습니다.

　우리 마음이 욕망이나 기쁨, 공포, 슬픔 같은 감정들을 경험할 때 사실은 그것들을 제 기억에서 끌어 내오는 것입니다. 그런 것들은 제가 생각하기 전에 이미 제 기억 안에 있었고 저는 그것들을 불러온 것입니다. 그런 감정들은 육체의 감각을 통해 마음에 들어온 것이 아니고 마음이 자체적으로 그런 감정을 열정적으로 경험하고 그것을 기억 속에 맡겨 둔 것입니다. 혹은 의식적으로 맡기지 않았어도 기억이 스스로 보관하고 있었던 것이지요.

망각과 기억

　제가 '망각'이라는 글자를 사용할 때 저는 그 말뜻을 알고 씁니다. 그것은 제가 망각을 기억하고 있다는 뜻입니다. 만약 망각이 제 기억 속에 들어 있지 않다면 저는 그 말뜻을 이해하지 못했겠지요. 그러므로 기억을 기억할 때는 기억이 스스로 존재하지만 망각을 기억할 때는 기억과 망각이 함께 존재합니다. 즉 '기억하는 기억'과 '기억하는 망각'이 함께 존재한다는 말입니다.

　망각이란 기억을 잃어버린 상태입니다. 망각한다는 것은 기억에 없다는 것인데 어찌하여 저는 망각이라는 것을 알고 있을까요? 우리가 만약 망각을 기억 속에서 떠올리지 못한다면 우리는 그 단어를 듣고도 그 의미를 알아채지 못할 것입니다. 그러므로 기억은 망각을 보관하고 있다는 뜻이지요. 다만 망각이란 기억 속에 실체로 존재한다기보다 그 이미지를 통해 존재한다고 생각됩니다. 망각이 실체로서 존재한다면 우리는 어떤 것도 기억하지 못하게 되겠지요.

　그런데 망각은 존재하는 것을 지워 버리는 것인데 어찌하여 기억 속에 그 이미지를 새겨 넣을 수 있을까요? 정말 대답하기 어려운 문제입니다. 하지만 분명한 것은 망각이 제 기억을 지금 없애고 있다 해도 저는 망각 자체를 기억한다는 것입니다.

주님, 기억은 참으로 위대하고 두려울 만큼 신비하고 무한하며 다양한 힘입니다. 기억은 제 마음이며 제 자신입니다. 그렇다면 저는 무엇입니까? 저는 다양한 생명으로 구성되어 있어 결코 가늠할 수가 없습니다. 비록 유한한 목숨을 타고난 인간이지만 제 기억의 힘은 위대하고 제 생명의 힘은 무척이나 큽니다.

생명이신 하느님, 저는 기억이라 불리는 이 힘조차 초월해 찬란한 하느님께 도달하려 합니다. 새나 동물도 기억력이 있기에 둥지를 찾아가고 여러 가지 습관을 유지할 수 있습니다. 기억력이 없다면 어떤 일에도 익숙해질 수 없습니다. 주님은 저를 짐승과 구별하여 더 지혜롭게 창조하셨기에 저는 기억마저 초월해 최고의 선이요 행복이신 당신을 찾아가려 합니다.

너무 늦게 사랑한 하느님

그러면 저는 주님을 어떻게 찾을 수 있을까요? 주님을 찾는 것은 행복을 찾는 것입니다. 그렇다면 행복은 어떻게 찾을 수 있나요? 사람들은 어떻게 행복을 찾으려 할까요? 지금 행복을 못 느끼는 사람도 행복이 무엇인지는 압니다. 행복이 무엇인지 모른다면 행복을 찾으려 하지도 않겠지요. 다시 말해 우리는 모두 행복을 기억하고 있습니다. 우리가 각자 행복을 경험했는지, 아담 안에서 함께 행복을 경험했는지 모르지만 아무튼 우리는 행복을 경험하고 기억 속에 행복을 간직하고 있습니다.

주님, 저는 기억 속에서 당신을 찾았습니다. 제가 당신을 알게 된 이후 당신은 제 기억 속에 머물렀고 저는 기억 속에서 당신을 만났습니다. 하지만 제 기억의 어느 부분에 당신이 계실까요? 제가 주님을 생각할 때는 동물들도 가지고 있는 그런 기억을 초월해서 더 높이 올라갔습니다. 기억 속에 남은 물체의 이미지로는 주님을 발견할 수 없기 때문입니다. 저는 감정의 자리에서도 마음의 자리에서도 주님을 찾지 못했습니다. 감정이나 마음은 변하지만 주님은 변하지 않는 제 마음의 주인이시기 때문입니다.

아름다우신 주님, 저는 당신을 너무 늦게 사랑했습니다. 당신은 제 안에 계셨지만 저는 바깥에서 당신을 찾아 헤맸습니다. 당신은 저와 함께 계셨으나 저는 당신과 함께 있지 않았습니다. 저는 당신을 사모하며 당신이 주시는 평화를 갈구하고 있습니다. 저는 아직도 병들어 있사오니 가여운 저를 치유해 주소서. 제 모든 희망은 오직 당신의 위대한 사랑 속에 있습니다. 당신이 원하시는 것을 제게 명령하소서. 항상 불타오르시며 꺼지지 않는 사랑의 주님, 당신의 뜨거운 사랑으로 저를 태우소서. 당신의 뜻대로 명령하시고 저를 그대로 행하게 이끌어 주소서.

첫 번째 욕망 - 육체의 유혹

몸, 촉각의 유혹

주님은 육체의 유혹과 호기심의 유혹, 그리고 교만의 유혹으로부터 자신을 지키라고 명령하십니다. 저는 사제의 길에 들어서기 전부터 그 명령을 따르고자 애썼습니다. 하지만 제 기억 속에는 성욕에 빠지던 오랜 습관이 남긴 쾌락의 이미지가 아직도 남아 있습니다. 깨어 있을 때는 그 이미지가 힘을 발휘하지 못하지만 잠잘 때는 네 활개를 치고 달려들어 저를 동요하게 만듭니다. 이런 환상적 이미지는 제 육체에 큰 영향을 미치기 때문에 저는 자면서 종종 나쁜 꿈을 꾸곤 합니다.

주님, 꿈꾸는 동안의 저는 참된 제가 아닐까요? 잠자는 나와 깨어 있는 나는 너무나 다릅니다. 깨어 있을 때는 이성의 힘으로 육체의 유혹에 저항할 수 있지만 꿈에서는 다릅니다. 이성의 힘으로 꿈에서도 저항하고 발버둥 칠 때가 있지만 꿈속의 나와 깨어 있는 나는 아주 다르기 때문에 저는 깨어난 다음에야 양심의 평화를 되찾곤 합니다.

오, 전능하신 하느님, 당신의 넘치는 은총으로 제 영혼의 병을 치유하시고 당신의 강한 손으로 제 마음속에서 날뛰는 음탕한 유혹의 불을 꺼 주소서. 제 영혼이 끈질긴 정욕의 늪을 뚫고 나와서 당신을 향하게 하소서. 저는 이미 주님의 크고 넓은 은혜를 두렵고 떨리는 마음으로 받았지만 아직 불완전한 제 모습에 슬퍼하고 있습니다. 완전한 평화에 이를 때까지 당신의 자비와 은총이 계속되기를 간절히 바라고 구합니다.

입, 미각의 유혹

우리는 육체의 회복을 위해 음식을 섭취해야 하지만 쾌락을 위해 먹기도 합니다. 불쌍한 제 영혼은 음식의 유혹을 벗어나지 못해 식탐에 빠질 때가 있습니다. 저는 식욕의 노예가 되지 않기 위해 금식도 하지만 금식 후에는 다시 먹고 마시는 쾌락에 빠지곤 합니다. "너희는 과음과 과식으로 마음이 짓눌리지 않도록 하여라. 정욕을 따르지 말고 쾌락을 좇지 말라."라는 주님의 목소리가 들려옵니다. 어떠한 유혹에도 굴하지 않도록 힘을 주소서.

제가 두려워하는 것은 통제할 수 없는 불순한 제 탐욕입니다. 이스라엘 백성들이 광야에서 꾸지람을 들은 것도 단지 고기를 원해서가 아니라 먹는 것에 대한 탐욕을 부려 주님을 원망했기 때문입니다. 지금도 저는 통제할 수 없는 입의 욕망과 싸우고 있습니다. 우리는 매일 음식을 대하고 살기 때문에 식욕은 한꺼번에 끊겠다고 결단할 수 있는 성욕과는 다릅니다. 그러므로 입의 요구를 심하게 거부하거나 심하게 받아 주지 않고 적당한 선을 유지해야 합니다. 그러나 그 선을 넘지 않는 자가 얼마나 있을까요? 음식의 유혹을 알맞게 통제할 수 있는 사람은 위대합니다. 그러므로 그런 사람은 당신을 찬미해야 합니다. 나 같은 죄인은 그런 인물이 못되지만 그래도 당신을 찬양하고자 언제나 애쓰고 있습니다.

코와 귀, 후각과 청각의 유혹

저는 향기의 유혹에는 별로 구애받지 않습니다. 향기가 나건 안 나건 굳이 관심을 보이지 않습니다. 하지만 소리의 쾌락은 저를 강하게 사로잡습니다. 저는 주님을 향한 찬양의 노랫소리를 들으면 신앙의 불길이 열정적으로 타오릅니다. 노래는 은밀하게 제 감정을 흔들어 놓고 말지요. 향기든 소리든 육체의 즐거움이 우리 마음을 안이하게 만들거나 속이지 않도록 늘 살피고 조심해야 합니다. 육체적 감각이 우리 마음을 끌고 가 버리면 우리는 무의식적으로 죄를 짓기 쉽고 나중에야 그 잘못을 알아차리게 됩니다.

교회에서 찬송가를 부르면 신앙심을 불러일으키는 유익함이 있지만 노랫소리에 더 감흥을 받아 마음이 엉뚱하게 흔들릴 수도 있습니다. 이럴 땐 저도 찬송가를 듣지 않았으면 하는 생각이 듭니다. 주님, 문제는 쾌락에 흔들리는 저 자신입니다. 자비로움으로 치유해 주소서.

눈, 시각의 유혹

마지막으로 눈을 통한 쾌락에 대해서도 당신께 고백합니다. 저는 아름답고 다양한 모양과 밝고 화사한 색깔을 좋아합니다. 색채의 여왕인 빛은 온갖 사물을 비추며 다양하고 영롱한 모양과 색깔로 저를 유혹합니다. 눈을 뜨고 있는 동안 저는 이런 강렬한 빛의 유혹에 빠져 황홀해 하고 빛이 사라지면 기분이 우울해집니다.

참다운 빛은 눈이 먼 자에게도 생명의 길을 비추어 주고 길을 잃지 않게 합니다. 하지만 물질적인 빛은 그 화려함으로 인간을 매혹시켜 위험한 길로 인도합니다. 제 눈이 그런 유혹의 그물에 걸려 넘어지지 않도록 이끌어 주소서. 당신은 항상 그물에 걸린 저를 구해 주십니다. 사람들은 눈의 쾌락을 위해 온갖 물건들을 만들고 꾸밉니다. 외모만을 추구하는 이들은 모든 기준을 겉모습에 두면서 눈의 쾌락에 빠져 삽니다. 화려한 겉모양이 제 영혼을 지탱하지 않도록 주님은 눈의 유혹에서 늘 저를 구해 주소서.

두 번째 욕망 - 호기심의 유혹

육체의 욕망보다 더 위험한 유혹이 있습니다. 지식과 학문이라는 이름 아래 추구되는 호기심의 욕망이 바로 그것입니다. 호기심의 욕망은 알고자 하는 욕구에 뿌리를 두고 있기 때문에 다섯 감각기관 중에서도 눈이 주도적인 역할을 합니다. 그래서 성서에서는 이를 "안목의 정욕"(《요한복음》 2:16)이라고 표현합니다.

우리는 '보다'라는 말을 시각에만 적용하지 않고 '맛보다', '냄새 맡아 보다', '만져 보다', '들어 보다'와 같이 다른 감각에도 사용합니다. 본다는 것은 일차적으로 눈의 기능이지만 다른 감각들이 지식을 탐구할 때도 비유적으로 그 말을 사용하기 때문에 감각적인 경험은 눈의 욕망과 아주 깊이 연관되어 있습니다. 호기심의 욕망을 충족시키기 위해 극장에서는 괴상한 장면을 연출하기도 합니다. 그런가 하면 신앙생활에까지 영향을 미쳐 주님께 기적을 보여 달라고 하면서 하느님을 시험하는 이조차 있습니다.

저는 이제 극장에도, 점성술에도, 마니교에도 관심이 없습니다. 하지만 제 주변에는 여전히 이런 함정들이 도사리고 있기 때문에 아무런 유혹이 없는 것은 아닙니다. 우리의 호기심은 매일 이런 사소하고도 보잘것없는 유혹들에 빠져들곤 하지요.

간혹 저는 도마뱀이 파리를 잡아먹거나 파리가 거미줄에 칭칭 감기는 모습을 호기심으로 바라보곤 합니다. 하지만 이런 광경에 무작정 마음을 뺏기지 않고 그 안에서 오묘한 창조의 질서를 느끼며 주님을 찬양합니다. 희망이요 사랑이신 주님, 제 마음이 헛된 것들로 가득 차 흔들리는 그런 일이 없도록 언제나 저를 바르게 인도해 주소서.

세 번째 욕망 - 교만의 유혹

교만은 인간을 유혹하는 세 번째 욕망입니다. 교만함은 사람들이 자신을 두려워하거나 흠모해 주길 바라는 등 쓸데없는 것에서 기쁨을 얻으려는 욕망입니다. 그것이 어찌 참다운 즐거움일 수 있겠습니까? 주님은 교만한 이를 벌하시고 겸손한 이에게 은혜를 베푸십니다. 하지만 사람들은 주님께 받은 선물인 재능을 보고 칭찬하게 되고 칭찬받는 이는 주님의 선물보다 사람들의 칭찬에 더 우쭐해 합니다. 그때 그는 사람들에게는 칭찬받았을지 모르나 하느님으로부터는 비난을 받을 것입니다.

우리는 매일 이런 교만과 칭찬의 유혹 속에 살고 있습니다. 저 역시 그런 유혹에서 얼마나 벗어났는지 알 수 없습니다. 육체의 유혹이나 호기심의 유혹은 의식적으로 피하거나 어느 정도 저항할 수 있지만 칭찬의 유혹은 은밀히 저를 옭아매고 있습니다. 주님이 엄연히 보고 계셔도 끝내 저지르는 그 은밀한 죄를 저는 무척 두려워합니다.

저는 칭찬받기를 좋아하지만 진리를 더 좋아합니다. 누군가 "너는 잘못했더라도 칭찬을 원하느냐, 비난받더라도 진리를 원하느냐?"라고 묻는다면 대답은 분명합니다. 그러나 솔직히 칭찬받을 때 더 즐겁고 비난받을 때는 즐겁지 않습니다. 다만 칭찬받았다고 더 즐거워하지 않게 되기를 바랍니다.

우리의 말과 행동에는 칭찬받고자 하는 유혹이 늘 도사리고 있습니다. 그래서 칭찬을 좋아하는 자는 다른 사람들의 칭찬을 구걸하기도 합니다. 이런 허영심의 유혹은 그것을 경계할 때도 우리를 시험합니다. 또 남이야 기쁘든 불쾌하든 나만 만족하면 된다는 자기만족의 유혹도 강합니다. 자기만족에 취한 이들은 자신의 잘못조차 옳다고 착각하고 주님이 주신 선물도 자신의 업적인 양 생각하기 때문에 주님의 노여움을 크게 살 것입니다. 주님이 보시다시피 이런 모든 유혹과 위험 속에서 제 마음은 떨리고 있습니다. 이 모든 욕망과 고통이 당신을 통해 치유되기를 바랍니다.

이제까지 저는 세 가지 욕망과 유혹을 통해 제 죄를 살피며 주님의 오른손이 저를 구원해 주시길 간절하게 바랐습니다. 저는 진리를 붙잡기 위해 애를 썼지만 탐욕으로 인해 거짓도 함께 붙잡고 있었습니다. 그래서 결국 진리이신 당신을 잃고 말았습니다. 왜냐하면 당신은 거짓과 함께 존재하기를 원치 않으시기 때문입니다.

참 중보자, 거짓 중보자

저를 중간에서 주님과 화해시켜 줄 이가 누구일까요? 사람들은 당신께 돌아가기 위해 기도를 올리거나 이상한 종교 의식을 행하는 등 여러 가지 방법을 시도했지요. 그러나 결국 하느님께 도달하지 못하고 이상한 환상이나 착각으로 빠져들었을 뿐입니다. 학문의 교만에 빠진 신플라톤주의자들 가운데는 이런 종교 의식을 통해 하느님의 신비로운 체험을 얻고자 시도한 이들도 있었지요. 하지만 그들은 참된 중보자(仲保者, 하느님과 인간 사이에서 그 관계를 성립시키고 화해를 가져오는 역할을 하는 사람)를 찾지 못했습니다. 오히려 권력자들의 놀음에 속기만 했고 천사로 가장한 악마들만 만날 뿐이었습니다.

하느님과 인간을 화해시킬 중보자는 하느님과도 통해야 하고 인간과도 통해야 합니다. 악마는 인간과 다를 바 없는 죄인이고 죄의 대가를 죽음으로 치른다는 점에서도 인간과 동일하므로 참된 중보자가 될 수 없습니다.

그러나 주님은 자비를 베풀어 참된 중보자를 인간에게 보내 주셨습니다. 참 중보자이신 우리 주 예수 그리스도는 죄 많은 인간과 의로우신 하느님 사이에 등장하셨습니다. 의로움의 대가는 생명이요 평화입니다. 그리스도는 의로움으로 하느님과 통해 죄인들을 죽음으로부터 구하시고 구원을 얻도록 하셨습니다. 그분은 인간과 하느님 사이의 중보자이지만 하느님과 인간의 중간적 존재가 아니라 하느님과 동등하고 동일한 존재이십니다.

지극히 높고도 선하신 주님, 당신은 우리 죄인들을 사랑하시어 당신의 독생자를 십자가에 못 박히게 하고 희생의 제물이 되게 하셨습니다. 우리 주 그리스도는 당신으로부터 나왔지만 우리 죄인을 섬김으로써 우리를 하느님의 종에서 하느님의 자녀가 되도록 하셨습니다.

주님, 저는 죄악과 비참함에 괴로워하다가 광야로 도피할까도 생각했습니다. 그러나 당신의 독생자가 그의 피로써 저를 속죄하게 했습니다. 이제부터 당신께 모든 근심을 맡겨 버리고 오직 경이로운 하느님의 법을 따르고자 합니다.

제3부 기독교와 영원한 삶

제11권에서 제13권에 해당되는 제3부는 아우구스티누스가 천지창조와 시간의 문제를 깊이 사색하고 〈창세기〉에 대한 은유적 해석을 시도한 부분이다. 즉, 주교였던 아우구스티누스는 자신이 겪은 신학 논쟁과 관련해 천지가 '하느님 · 하늘의 하늘 · 세계 · 땅 · 절대 무'의 존재 구조 아래 하느님에 의해 창조되었다고 주장한다. 그리고 시간 또한 하느님에 의해 창조된 것이라고 보았다. 그는 시간이 일시적이고 직선적이며 과거 · 현재 · 미래에 대한 인간의 주관적 해석이라고 정의한다. 창조와 시간에 대한 생각을 철학적이고 논리적으로 전개했지만 결국 아우구스티누스는 논쟁 상대 역시 하느님 안의 형제임을 강조하면서 하느님께 귀의하여 미래에 누리게 될 영원한 안식을 공유하자는 제안으로 이 책을 마무리한다.

Time and Eternity

제11권 시간 속의 인간, 시간 밖의 하느님

제11권에서 아우구스티누스는 먼저 천지창조와 시간의 문제를 이야기한다. 마니교도들은 천지창조 이전의 시간에 대해 질문하지만 아우구스티누스는 창조 이전에는 시간이 있을 수 없다고 답한다. 왜냐하면 시간은 천지창조와 동시에 창조되었기 때문이다. 태초에 하느님이 천지를 창조하셨다는 〈창세기〉 구절에서 '태초'란 시간적으로 절대적인 처음을 의미할 뿐만 아니라 영원한 이성이자 지혜이신 하느님의 말씀을 의미한다. 그래서 말씀에 의해 천지 만물이 창조되었고 시간도 그와 더불어 존재하게 되었다고 밝히고 있다.

나아가 아우구스티누스는 '시간이란 무엇인가'라는 어렵고도 근원적인 질문에 도전한다. 플라톤주의에서도 시간은 매우 중요한 주제인데 그 영향을 많이 받은 아우구스티누스는 시간과 영원의 관계, 과거 – 현재 – 미래의 시간, 시간의 측정 문제, 시간 속에서 영혼의 분산과 집중 문제 등 시간과 관련된 복잡한 문제들에 대해 깊은 사색을 전개한다.

시간에 대한 아우구스티누스의 생각은 두 가지로 정리할 수 있다.

첫째, 시간은 다른 피조물과 함께 하느님에 의해 창조된 것으로 영원한 현재이신 하느님과 달리 일시적이고 변화하며 반복되지 않는다. 시간은 한번 지나가면 돌아오지도 않고 순환하지도 않는다. 또 시간은 직선적이어서 현재는 시시각각 과거로 변해 버리고 한순간도 가만히 머무르지 않는다. 인간은 그런 시간 속에 살고 있기 때문에 언제나 무상하고 불안정한 존재이다.

둘째, 시간은 마음의 연장이자 분산이다. 시간은 인간의 마음이 과거 – 현재 – 미래 세 방향으로 분산되어 퍼지고 흩어진 것을 의미한다. 그래서 시간은 오직 마음을 통해서만 느끼고 잴 수 있다. 이런 점에서 학자들은 아우구스티누스의 시간이 주관적이라고 평가한다.

변화와 시간 속에 사는 인간은 오지도 가지도 않고 영원한 오늘이신 하느님을 향해 마음을 집중하지 못하고 숙명적으로 분열된 시간 속에 갇힌 존재다. 그러므로 아우구스티누스는 무상하고 불안정한 인간을 영원한 피안이신 하느님과 연결시키려고 애를 쓴다. 자신도 영원불변한 하느님을 향해 마음을 통일시켜 영생의 기쁨을 누리겠다고 결의하며 제11권을 마무리한다.

영원한 말씀에 의한 창조

모세는 〈창세기〉에서 "태초에 하느님이 천지를 창조하시니"라고 기록하고 이 세상을 떠났습니다. 그가 만일 살아 있다면 저는 그를 붙잡고 이 말의 의미를 알려 달라고 간청하겠지만 그는 이미 이 세상에 없기 때문에 저는 당신께 간절히 기도할 수밖에 없습니다. 주님, 제게 은혜를 베푸시어 창조의 의미를 깨닫게 해 주소서.

주님, 당신은 어떻게 천지를 창조하셨나요? 주님의 창조는 어떤 장인이 주어진 질료를 가지고 작품을 만들어 내는 과정과는 다릅니다. 장인은 마음의 눈으로 본 형상을 재료에 부여하는 능력을 가지고 있습니다. 그래서 장인은 이미 존재하는 진흙, 돌, 나무, 금과 같은 질료에 어떤 형상을 부여해서 물건을 만듭니다. 그러나 주님은 장인도 질료도 모두 창조하셨고 작품을 만들고 이해할 수 있는 지성과 감각까지도 창조하셨습니다.

주님은 시간과 공간이라는 주어진 어떤 틀 속에서 일정한 재료를 가지고 우주를 만든 것이 아닙니다. 주님이 우주를 창조하기 전에는 우주를 만들 어떤 시간이나 장소도, 어떤 질료도 존재하지 않았습니다. 왜냐하면 무엇을 만들려고 했을 때 당신은 그 질료까지도 창조하셨기 때문입니다. 어떤 존재든 당신이 존재하기 때문에 존재할 수 있습니다. 당신의 말씀으로 만물이 창조되었고 당신의 말씀 안에서 만물이 태어났기 때문입니다.

그래서 주님은 우리에게 '말씀이 곧 하느님'임을 이해하라고 명하셨습니다. 그 말씀은 시작과 끝이 있는 사람의 말과 달리 영원히 말해지는 것이며 그 말씀으로 인해 그 안에서 모든 것이 동시에 영원히 말해집니다. 그렇지 않다면 그 말씀은 시간과 변화의 지배를 받기에 영원불멸하다고 할 수 없겠지요. 이 세상의 피조물은 무엇이든 한때 존재했다 사라지지만 주님의 말씀은 영원불멸합니다.

피조물들은 동시에 모두 이루어지지도 않고 영원하지도 않습니다. 그러나 영원한 이성은 시작하는 것도 없고 끝나는 것도 없습니다. 이 영원한 이성은 바로 당신의 말씀이시며 '태초'이기도 합니다. 반면에 피조물들은 영원한 이성이 그들이 태어나고 죽는 것이 옳다고 여기는 그 순간에 태어나고 죽게 됩니다.

성서에서는 그리스도의 말씀이 육신을 통해 전달되었고 인간의 귀에 그 음성이 들려오자 인간이 그것을 믿고 추구하면서 영원한 진리를 만나게 된다고 말합니다. 그런 까닭에 우리는 변하는 피조물들을 통해 어떤 것을 배울 때조차도 결국 불변의 진리에 도달합니다. 우리는 주님의 말씀 안에서 영원한 진리를 배웁니다. 그러므로 주님은 태초이시며 우리가 길을 잃거나 잘못에 빠져 있을 때 언제나 돌아가야 할 곳입니다.

천지창조 이전의 '그때'

"하느님은 천지창조 이전에 무엇을 했는가?"

옛 관습에 젖어 있는 마니교도들은 흔히 이렇게 질문하지요. 그리고 덧붙여 이와 같이 묻습니다.

"천지가 신의 의지로 창조되었다면 그 의지는 천지가 창조되기 이전의 것이다. 신의 의지는 창조된 피조물이 아니라 신 그 자체이므로 신에게 새로운 의지가 일어났다면 과연 그 신을 불변하다고 할 수 있는가? 전에 없었던 신의 의지가 새로 생겨났다면 그것은 영원한 것이 아니지 않는가? 또 신이 영원하다면 그로부터 나온 피조물도 신처럼 영원해야 하지 않는가?"

오, 하느님, 이런 말을 하는 사람들은 아직도 당신을 이해하지 못하는 것입니다. 그들은 '영원'과 '흐르는 긴 시간'을 혼동하면서 이 둘은 차원이 다르며 서로 비교가 안 된다는 사실을 알지 못합니다. 흐르는 긴 시간 동안에는 동시에 존재하지 않는 여러 사건들이 생겼다가 사라지기를 반복하지만, 영원 속에서는 아무것도 흐르지 않고 생겼다 사라지는 일도 없고 전체가 모두 동시에 존재합니다. 시간과 영원은 질적으로 다릅니다.

천지창조 이전에 주님은 아무것도 만드시지 않았습니다. 만약 무엇을 만들었다면 그것은 단지 피조물일 따름이며 피조물이 등장하기 이전에 창조된 것은 아무것도 없습니다.

아직도 과거의 시간에 대해 갈피를 못 잡는 사람들은 천지창조 이전에 많은 시간이 흘러가지 않았을까 상상하곤 합니다. 하지만 그러한 상상의 꿈에서 깨어나기를 권합니다. 하느님에 의해 창조되지 않은 시간이 어디에 있으며, 있지도 않은 시간이 어찌 흘러갈 수 있었을까요? 주님은 천지창조와 동시에 시간을 창조하셨습니다. 시간을 초월해 계신 하느님은 시간도 창조하셨기 때문에 천지창조 이전의 '그때'란 있을 수 없습니다. 주님의 시간은 오지도 가지도 않고 동시에 머무르며 영원히 변하지 않습니다. 하느님의 시간은 영원한 오늘입니다.

알면서도 모르는 시간

우리는 평소 시간에 대해 잘 안다고 생각하고 무척 친근하게 느끼고 있지요. 그런데 누군가가 "시간이란 무엇인가?"라고 묻는다면 저는 시간이 무엇인지 알고는 있지만 설명할 수는 없습니다.

분명한 것은 흘러간 것이 없으면 과거가 없고, 다가오는 것이 없으면 미래도 없으며 지금 존재하는 것이 없다면 현재도 없다는 것입니다.

그런데 과거는 이미 지나갔고 미래는 아직 오지 않아서 지금 존재하지 않는데 어떻게 그것들이 '있다'고 말할 수 있을까요? 또 현재가 늘 현재로 존재하고 과거로 바뀌지 않는다면 그것은 변화가 일어나는 시간이 아니라 영원이라고 해야 합니다. 그러므로 시간이 존재하려면 현재는 반드시 과거로 바뀌어야 합니다. 그렇다면 또 현재는 어떻게 '있다'고 말할 수 있을까요? 그래서 시간의 존재 이유는 존재하기를 그만두는 데 있습니다. 비존재를 향하고 있다는 의미에서만 시간은 존재합니다.

('아직 없는' 미래에서 와서 '이미 없는' 과거로 사라지는 가운데 현재가 '있다'. 그 때문에 시간으로 '있기' 위해서는 '있지 않게' 되어야 한다. 이런 의미에서 시간의 존재 이유는 비존재라고 말한 것이다.)

우리는 시간이 길다거나 시간이 짧다는 말을 씁니다. 특히 미래와 과거의 시간에 대해 미래의 긴 시간, 혹은 과거의 긴 시간이라는 말을 합니다. 그러나 과거는 이미 없고 미래는 아직 없는데 있지도 않는 그 시간들에 대해 어떻게 길다거나 짧다고 말할 수 있을까요? 그래서 시간이 길다는 것은 현재에만 적용됩니다. 현재는 아직 흘러가지 않았기 때문에 길어질 수 있는 무엇이 있겠지요.

그러면 현재의 시간도 과연 길어질 수 있는지 다시 생각해 봅시다. 먼저 현재의 100년을 긴 시간이라고 할 수 있을까요? 우선 100년이라는 시간이 현재가 될 수 있는지부터 생각해 봅시다. 100년 중 우리가 첫 번째 해에 살고 있다면 나머지 99년은 아직 없는 미래일 뿐이고, 두 번째 해에 살고 있다면 첫 해는 과거가 되어 버렸지요. 그러니까 100년이라는 한 세기가 모두 현재가 될 수 없습니다. 그러면 1년은 현재가 될 수 있을까요? 1년 중 1월에 산다면 나머지 열한 달은 미래이며 2월에 산다면 1월은 이미 과거입니다. 그러니까 1년도 전부 현재라고 할 수 없지요. 한 달, 하루, 한 시간에 대해서도 똑같이 말할 수 있습니다.

우리가 시간을 더 이상 쪼갤 수 없는 가장 작은 조각으로 나눌 수 있다면 우리는 어느 한 조각을 '현재'라고 부를 수 있겠지요. 이 경우 현재는 미래에서 과거로 너무나 빨리 지나가기 때문에 지속되는 틈, 즉 연장은 없지요. 만일 현재가 지속성을 지닌다면 그것은 눈 깜짝할 사이에 과거와 미래로 나뉩니다. 그러므로 현재라는 시간은 연장이 없는 것입니다.

그러면 '길다'라고 하는 현재의 시간은 어디에 있나요? 혹시 미래에서 와서 현재에 있기 시작할 때부터 길다고 말할 수 있을지 모르지만 그때조차도 현재는 "나는 길게 있을 수 없다."라고 외칩니다. 그렇지만 우리는 실제로 시간의 간격을 의식하고 서로 길고 짧음을 비

교하며 시간을 측정합니다. 결국 우리는 지나가는 시간을 지각하고
측정하는 것입니다.

세 가지 시간

우리는 어릴 때 시간에는 과거, 현재, 미래의 세 가지가 있다고 배
웠습니다. 저는 이 세 가지 시간에 대해 확실히 모르지만 이것만은
압니다. 과거와 미래가 어디에 있든 또 무엇이든 간에 반드시 현재라
는 형태로 존재한다는 것이지요. 예를 들어 제가 과거의 소년 시절을
이야기할 때도 저는 제 기억 속에 남아 있는 그 이미지를 보고 현재
의 언어로 회상하며 말합니다.

미래를 점치는 사람들이 현재 남아 있는 기억 속의 이미지를 보
고 앞으로의 일을 예견하는지는 모르겠습니다. 어떤 방법으로 예언
을 하든 분명한 것은 지금 존재하지 않는 것은 볼 수 없다는 사실입
니다. 그러므로 우리가 미래를 본다는 것은 미래의 사건 자체를 보는
것이 아니라 그 사건을 예견하는 현재의 자료들을 보는 것입니다. 현
재를 보고 미래를 예견합니다. 그러므로 과거도 미래도 현재 존재하

지 않는다는 것은 분명하고 따라서 세 가지 시간이 있다는 말도 정확한 것은 아닙니다.

오히려 '지나간 것들의 현재, 지금 존재하는 것들의 현재, 다가올 것들의 현재'라고 말해야 옳습니다. 시간의 이런 세 가지 면은 우리 영혼 안에 존재하며 다른 어떤 곳에서도 그것들을 찾을 수 없습니다. 과거를 생각하는 현재는 기억이며, 현재를 생각하는 현재는 직관이고, 미래를 생각하는 현재는 기대입니다.

그러므로 엄밀히 말해 과거, 현재, 미래의 세 시간이 있다고 할 수 없고 다만 습관적으로 그렇게 쓸 뿐입니다. 언어는 종종 부정확하게 사용되기 때문에 이를 인정할 수밖에 없지만 미래나 과거는 현재에 없다는 것만은 분명히 해 두어야 합니다. 과거와 미래는 기억과 기대라는 현재의 의식 안에 존재하지요.

주님, 제 영혼은 '시간'이라는 이 난해한 수수께끼를 풀려는 열망에 불타고 있습니다. 주님, 그리스도를 통해 간절히 기도하오니 알 듯 모를 듯한 이 복잡한 수수께끼를 풀고자 하는 제 뜨거운 열망에 문을 닫지 마소서. 그 문제를 파고들어 가서 밝힐 수 있도록 허락하소서. 제 무지를 고백하여 당신께 도움을 청하나이다.

시간의 본질

어떤 학자는 "해, 달, 별의 운동이 본질적으로 시간을 구성한다." 라고 주장합니다. 저는 그 말에 동의할 수 없습니다. 만약 그 말이 맞다면 다른 물체의 운동도 시간을 구성한다고 할 수 있지 않을까요? 만약 천체의 운동이 정지되고 조그만 물레 하나만 돌아간다고 생각해 봅시다. 우리는 물레의 회전을 시간으로 재면서 그 시간이 길다 혹은 짧다고 말할 수 있습니다. 심지어 길다 혹은 짧다고 말하는 그 순간에도 우리는 음절을 길게 혹은 짧게 발음하기도 합니다. 그것은 우리가 천체의 운동이 아니어도 이미 잴 수 있는 시간 안에 있다는 것을 뜻합니다. 그러므로 물체의 운동이 시간을 구성한다고 주장할 수는 없지요.

그렇다면 시간이란 무엇일까요? 앞서 말한 학자는 해의 운행으로 시간을 잰다고 하겠지요. 그러나 사실은 그 반대로 시간으로 해의 운행을 잽니다. 예를 들어 해가 운행하는 데 열두 시간이 걸렸다면 평소의 스물네 시간보다 절반밖에 걸리지 않았다고 우리는 말하겠지요. 두 가지 운행 시간을 비교하면서 운행 간격이 한 번이다 두 번이다 잴 수 있습니다. 그러므로 천체의 운동이 곧 시간을 이루는 것은 아닙니다. 예를 들어 어떤 이가 전투에서 승리하기 위해 해의 운행을 멈추게 해 달라고 기도해 마침내 해가 멈추었다 해도 시간은 계속 흘러가고 있습니다. 그 전투에 필요한 시간은 반드시 들어가게 됩니다.

그러므로 저는 시간이 일종의 연장이라고 생각합니다. 과연 이 생각이 맞을까요? 아니면 제 착각에 불과할까요? 빛이요 진리이신 주님께서 응답해 주소서.

주님은 "물체의 운동이 시간이다."라는 주장을 받아들이라고 명하시지는 않겠지요. 오히려 "시간 안에서 운동하지 않는 물체는 없다."라고 주님은 말씀하십니다. 우리는 물체의 운동을 직접 재는 것이 아니라 운동의 시작점과 마침점을 관찰해서 그동안 경과한 시간을 재는 것입니다. 같은 물체가 운동을 하든 정지해 있든 지속 시간은 존재하며 각각의 시간을 비교할 수 있기 때문에 물체의 운동이 곧 시간이라고 할 수 없습니다.

마음으로 재는 시간

오, 주님, 고백하건데 저는 아직도 시간이 무엇인지 알 수 없습니다. 제가 시간을 잰다고 하지만 정작 무엇을 재는지 모르겠습니다. 시간 그 자체를 어떻게 재며 무엇으로 잽니까? 저는 시간이 일종의 연장이라고 생각하지만 그것이 무엇의 연장인지 정확히 모르겠습니다. 그것은 마음의 연장이 아닐까 생각하는데 맞을까요?

주님, 만약 제가 '이 시간은 저 시간보다 두 배 길다.'라고 말할 때 저는 무엇을 재는 것입니까? 제가 시간을 잰다는 것은 알지만 저는 아직 없는 미래를 재는 것도 아니고 이미 없는 과거를 재는 것도 아니고 지속되지 않는 현재를 재는 것도 아닙니다. 그렇다면 저는 무엇을 어떻게 재고 있는 것입니까?

예를 들어 어떤 구절이 긴가 짧은가를 판단할 때 그 구절은 몇 개의 음절로 이루어져 있는지, 긴 음절은 짧은 음절 몇 개로 되어 있는지를 살펴봅니다. 그러나 표준치로 사용한 단음절이나 재려고 하는 장음절은 어디에 있는 것일까요? 그들은 소리가 난 순간 과거로 지나가 버리고 없습니다. 그래도 우리는 그 음절이 길다 짧다고 말하면서 시간을 재고 있습니다. 그것은 각자의 마음에 남아 있는 그 구절이나 음절의 인상을 재는 것입니다. 그러므로 시간을 재는 것은 우리 마음 안에서 이루어집니다.

시간은 하느님에 의해 창조되었지만 그것을 파악하는 것은 결국 인간의 마음입니다. 제가 시간을 잰다고 할 때 저는 어떤 일이 지나가면서 제 마음속에 남긴 인상을 재는 것입니다. 우리 마음은 미래를

'기대'하고 현재를 '직관'하며 과거를 '기억'하는 세 가지 기능을 가지고 있습니다. 미래에 대한 기대와 과거에 대한 기억이 존재하며 현재의 직관은 계속됩니다. 그러므로 미래가 길다는 것은 우리의 기대가 긴 것이며 과거가 길다는 것은 과거에 대한 우리의 기억이 긴 것뿐입니다.

(아우구스티누스는 시간을 '마음의 연장(지속)'이라고 생각했다. 과거 – 현재 – 미래의 세 가지 시간은 마음의 활동인 기억, 직관, 기대와 서로 일치하기 때문에 그런 마음에 의해 시간은 측정되고 파악된다는 것이다. 다시 말해 아우구스티누스는 시간과 그것을 체험하는 마음을 분리해서 생각하지 않고 인간의 마음 밖에서는 시간의 본질을 파악할 수 없다고 보았다. 아우구스티누스의 이런 '주관적인 시간 체험론'은 일부 학자들에 의해 비판받기도 한다. 그러나 한편에서는 아우구스티누스가 하느님이 창조한 객관적인 질서로서의 시간을 결코 부정하지 않았다고 주장한다.)

지금 제가 시 한 편을 암송한다면 읽어야 할 부분은 미래의 기대이며 이미 읽은 부분은 과거의 기억이고 읽어 가는 순간은 현재입니다. 현재를 매개로 제 마음은 기대와 기억이라는 두 방향으로 분산되어 있습니다. 시간 속에서 인간의 마음은 기억과 직관과 기대로 연장되고 분산되며 흩어져 있습니다. 하지만 진리를 향해 나가는 영혼은 하느님께 마음을 모으고 주님을 향해 오직 집중해야 합니다.

분산에서 통일로, 시간에서 영원으로

제 생명은 여러 방향으로 분산되어 있으나 주님의 오른손이 저를 항상 지탱해 주고 계십니다. 이제 분열된 시간을 벗어나 유일하신 하느님께 제 마음을 집중해 저를 통일시켜 나가고 싶습니다. 흩어진 마음을 하나로 모아 당신을 찬양하는 소리를 듣고 오지도 가지도 않고 그대로 영원하신 당신의 기쁨을 보겠나이다.

저를 위로해 주시는 하느님, 저는 제가 이해할 수 없는 질서인 시간 속에서 산산이 흩어져 존재했습니다. 당신이 품은 사랑의 불로 제 영혼을 녹이고 정화시켜 영원한 당신께 흘러들어 갈 수 있도록 허락해 주소서.

저는 진리이신 하느님 안에 굳건히 머무르고 싶습니다. 이제 창조 이전의 시간에 대한 그런 헛된 질문은 듣고 싶지 않습니다. 그런 질문은 하느님의 천지창조가 마치 변화하는 시간 속에서 이루어진 듯한 오해에서 비롯된 것입니다. 모든 시간을 창조하신 주님은 시간을 초월한 분이시므로 어떤 시간도 당신과 같이 영원할 수 없습니다. 주님의 영원함으로 높이 승화되어 분열된 제 영혼을 통일하고 회복시키고 싶습니다.

(아우구스티누스에게 영원함이란 '끝없이 무한한 어떤 시간'이 아니라 '시간을 초월한' 절대 불변의 것이다. 시간과 인간은 항상 변하고 흘러가는 것이지만 하느님으로 표현되는 영원이란 언제나 머물러 있는 현재이다. 그러므로 영원한 현재이신 하느님을 향해 마음을 모을 때만이 모든 존재는 참된 의미로 존재할 수 있다. 이런 맥락에서 아우구스티누스는 분산된 마음을 통일시키고 변화의 시간을 벗어나 영원한 하느님께 도달하려는 근원적인 소망을 밝히고 있다.)

제12권 천지창조의 의미와 해석

플라톤주의자들은 천지창조를 이원론적으로 해석했다. 질료가 근원적으로 존재하고 신이 영원한 '이데아'에 의해 그 질료를 빚어서 마치 장인이 물건을 만들어 내듯 세상을 만들어 냈다고 보았다. 이렇게 신과 질료 두 가지 원소를 근원적 존재로 보기 때문에 이원론이라고 한다. 그러나 아우구스티누스는 이 질료까지도 하느님이 '무로부터 창조'해 내신 것으로 보았다. 그래서 아우구스티누스의 창조론은 절대 유일신만을 근원으로 보는 일원론이다. 이런 생각은 기독교적 창조론의 기본 바탕을 이룬다.

제12권에서 아우구스티누스는 〈창세기〉에 나오는 천지창조의 과정과 의미에 대해 해석한다. 모세가 기록한 "태초에 하느님이 천지를 창조하시니"라는 구절에서 '천지'란 무엇일까?

아우구스티누스의 해석에 따르면 하느님이 태초에 창조한 하늘은 우리가 지금 바라보는 드넓은 창공이 아니라 '하늘의 하늘'이다. 그곳은 천사의 세계로 하느님처럼 영원하지는 않지만 타락하지 않고 시간과 변화의 지배를 받지 않는다. 또 태초의 땅은 아무런 형상도 없고 빛도 없이 어둠과 깊이만 있는 '거의 무(無)' 상태다. 땅은 '절대 무'보다는 한 차원 높으며 형상을 만들 수 있는 가능성이 담겨 있는 무형의 질료다. 이 땅에서 변화무쌍하고 다양한 세상의 모든 피조물이 만들어졌다.

이러한 존재 구조를 차례로 위치시켜 보면 '하느님(신) – 하늘의 하늘 – 세계 – 땅(무형의 질료, 거의 무) – 절대 무'의 순서가 된다. 전지전능하고 영원한 신은 시간을 초월해 있고 하늘의 하늘인 천사들은 하느님 바로 아래에서 하느님과 가장 가깝게 존재한다. 그리고 땅은 형상들을 잉태할 수 있는 무형의 질료이다. 이것은 거의 무 상태지만 절대 무보다는 한 단계 위에 있다. 이 무형의 질료에서부터 시간과 변화를 경험하는 세계, 즉 인간이나 생물, 미생물이 사는 가시적 세계가 탄생했다.

그런데 재미있는 주장은 하느님이 모든 것을 다 창조하셨지만 절대 무와 인간의 '왜곡된 의지'는 창조하지 않았다는 것이다. 절대 무는 원천적으로 창조가 불가능하고 왜곡된 의지란 하느님을 떠난 사악함이기 때문이다. 제7권에서 아우구스티누스는 악의 실체에 대해 고민하면서 악이란 인간 의지의 왜곡이며 선의 결핍이라고 말한 바 있다.

그런데 아우구스티누스의 〈창세기〉 해석에 대해 다양한 반론들이 제기되었다. 성서 해석에는 역사적 연구 방법과 은유적 해석 방법이 있다. 역사적 방법은 연구의 객관성을 강조하는 반면 은유적 해석 방법은 읽는 사람의 주관이 강조된다.

아우구스티누스는 그가 존경하던 주교 암브로시우스로부터 성서에 대한 은유적 해석을 배웠기 때문에 은유적 해석 방법을 좋아했지만 역사적인 방법을 부정한 것은 아니었다. 단지 해석하기 모호한 곳에서는 은유적 해석을 통해 여러 가지 해석의 가능성을 열어 두려 했다. 제12권은 성서 해석의 다양성을 인정하는 아우구스티누스의 열린 태도가 돋보이는 부분이다.

천지창조의 과정

천지의 창조주이신 하느님, 성서의 〈시편〉에 보면 "하늘의 하늘은 주님의 것이요, 땅은 인간의 자식들에게 주었다."라는 구절이 있습니다. 과연 그 하늘의 하늘은 어디에 있습니까? 우리가 보지 못하는 하늘의 하늘은 하느님의 바로 밑에 있는 천사들의 세계로 그들은 하느님과 가장 가까운 존재들입니다. 인간의 머리 위에 있는 저 푸른 하늘은 사실 모두 땅에 속한 것입니다.

이 땅은 처음에는 보이지도 형상을 갖추지도 않았습니다. 형태도 없고 빛도 없는 깊고 어두운 심연이었지요. 마치 소리가 없는 곳의 깊은 침묵과 같았습니다. 그런데 주님은 색도 모양도 형체도 영혼도 없는 '무', 이 무형의 질료에 형상을 불어넣었습니다. 그것은 '절대 무'는 아니지만 '거의 무' 상태로 형체가 아직 없는 무형의 질료였습니다.

질료란 추상적인 개념이 아니라 무엇을 만들 수 있는 재료와 같은 구체적인 것입니다. 저는 처음에 형상이 없는 어떤 무형의 질료를 생각할 수가 없었습니다. 절대 무가 아니라 형상과 무의 중간 상태라 할 거의 무를 떠올리기가 무척 어려웠지요.

그래서 어떤 사물이 다양한 형상으로 변할 수 있는 가변성을 생각해 보았습니다. 그 가변성은 무엇입니까? 영혼입니까, 물질입니까? 그것은 없는 어떤 것이며 혹은 있고도 없는 어떤 것이라고 할 수 있겠지요. 그것은 형상을 만들어 낼 수 있는 가능체로 그 무형의 질료는 모든 존재의 근원이신 주님으로부터 나왔습니다.

영원히 변치 않고 거룩하신 하느님은 태초에 무로부터 하늘과 땅을 창조하셨습니다. 여기서 말하는 하늘은 하늘의 하늘로 하느님께 가깝지만 하느님 바로 아래에 있고, 땅은 무에 가깝지만 절대 무 위에 존재하는 무형의 질료입니다. 하늘의 하늘은 하느님처럼 영원하지는 않지만 타락하지 않고 하느님에게만 의지함으로써 시간을 초월해 하느님께 속해 있습니다. 땅은 아무 형상이 없고 빛이 없으며 오직 어둠과 깊이만 있는 거의 무 상태입니다. 하지만 절대 무에서 탄생한 땅은 형상을 만들 수 있는 가능성이 담겨 있습니다. 하느님은 여기서부터 인간들이 감탄하는 이 아름답고 굉장한 세상을 창조했습니다. 여기에서 변화무쌍한 세상의 모든 피조물이 만들어졌고 시간이 경험되고 측정되기 시작했습니다.

그런데 주님은 모든 자연과 물체들을 창조하셨지만 창조하지 않은 것이 두 가지 있습니다. 그것은 절대 무와 인간의 왜곡된 의지입니다. 절대 무는 말 그대로 존재할 수 없는 완전한 무이며 왜곡된 의지는 의로우신 하느님으로부터 등을 돌려 사악함과 죄를 향하는 것을 말합니다.

시간 밖에서 창조된 두 피조물

하느님께서 창조하신 피조물 가운데 시간 밖에서 창조된 것이 두 가지 있습니다. 그것은 하늘의 하늘과 무형의 질료인 땅입니다. 하늘의 하늘은 지적이고 은유적인 피조물로 변화할 가능성을 지녔지만 늘 하느님을 바라보며 하느님의 영원성에 참여하고 있기 때문에 시간의 지배를 받지 않고 불변하는 존재입니다.

태초에 하느님이 창조하신 하늘은 하늘의 하늘이며 거기에서 천사들은 모든 것을 보고 또 전체적으로 확실히 알고 있습니다. 그곳은 시간의 제약을 받지 않고 시간의 흐름을 초월해 모든 것을 동시에 아는 곳입니다.

또 다른 하나는 무형의 질료인 땅입니다. 보이지도 않고 아무 형상도 없는 땅은 운동이나 변화가 없으므로 시간의 영역 밖에 머물렀습니다. 이 무형의 질료에서 우리가 보는 하늘과 땅과 아름다운 바다와 이 세상의 모든 것들이 각각의 창조의 날에 맞추어 탄생했습니다. 이 모든 것들은 형상을 지니고 변화하기 때문에 시간의 지배를 받기 시작했습니다.

그러므로 〈창세기〉 첫 부분에서 모세가 "태초에 하느님이 천지를 창조하시니"라고 기록한 것은 바로 시간 밖에서 창조된 이 두 가지 피조물을 의미합니다. 그리고 이어지는 창조의 날에 맞추어 우리가 바라보는 하늘과 세상 만물들이 창조된 것입니다.

나를 비판하는 이들에게

하느님의 말씀과 그 숨은 뜻은 얼마나 깊고 놀랍고 오묘합니까? 우리는 하느님의 말씀을 사랑과 경외심을 담아 떨리는 마음으로 마주합니다.

그런데 기독교인들 가운데는 〈창세기〉를 인정하면서도 저의 〈창세기〉 해석에 비판하는 사람들이 있습니다. 지금부터 그들에게 제 의견을 들려주겠사오니 주님이 올바른 심판자가 돼 주소서.

먼저 창조주 하느님의 영원함이라는 문제에 대해 생각해 보지요. 영원하신 하느님은 전에 없던 새로운 어떤 뜻을 세워서 만물을 창조한 것이 아니라는 점을 저는 분명히 말하고 싶습니다. 진리가 제 마음의 귀에다 강력히 외칩니다. 창조주의 진정한 영원성에 대해 결코 의문을 달지 말라고 말이죠. 창조주의 실체는 시간에 의해 변하지 않습니다. 그의 뜻은 곧 그의 실체이므로 시간이 흐르면서 새로운 뜻이 생기거나 사라지거나 하는 일은 절대 없습니다. 시간과 더불어 변화하는 뜻이라면 창조주의 뜻은 영원하다고 할 수 없겠지요. 그러나 하느님은 영원한 분이십니다.

그리고 미래에 대한 기대는 현재의 직관으로 또 과거의 기억으로 바뀌지만 이렇게 변하는 것은 영원한 것이 되지 못합니다. 하느님의 지식은 일시적이지 않고 시간의 변화에 영향을 받지 않는 불변의 것입니다. 사실 저를 반박하는 이들도 이 자체를 부인하지 않습니다. 그렇기에 그들의 반박이 모호하게 느껴집니다.

하느님은 모든 것에 앞서 지혜를 창조하셨습니다. 여기서 지혜란 태초에 천지를 창조하신 하느님의 영원한 지혜가 아니라 창조된 지혜를 말합니다. 스스로 빛나는 빛과 빛을 받아 반사하는 빛이 다르듯이 창조하는 지혜와 창조된 지혜는 다르지요. 당신이 창조하신 지혜는 하느님의 빛에 의해 지혜롭게 된 천사들, 즉 하늘의 하늘의 지혜를 말합니다. 하느님이 제일 먼저 창조하신 이 지혜는 자유롭고 영원하며 이성적이고 지적인 것입니다.

나를 비판하는 이들이여, 당신들도 모세가 하느님의 충성스런 종이며 그가 기록한 것은 성령의 말씀임을 믿고 있지 않는가? 당신들도 그것을 인정하고 있다. 그렇다면 그대들은 내가 하느님을 찬양하며 외치는 소리 중 어떤 것이 거짓이라고 비판하는가? 내가 무형의 질료라고 말한 것을 비판하는가? 당신들은 이것도 부정하지 않는다고 하지 않았느냐?

이제 저는 하느님의 진리를 부정하는 사람들을 그냥 떠들게 내버려 두고 그 진리를 받아들이는 이들과 함께 하느님 앞에서 이야기를 나누고 싶습니다. 저를 비판하는 이들과 잠시 떨어져 주님에 대한 제 사랑의 노래를 부르고 싶습니다. 주님은 분산되고 혼돈스런 저를 하나로 모아 제 어머니인 저 하늘의 예루살렘에 도달할 수 있게 해 주소서.

다양할 수 있는 성서 해석

그들은 모세의 기록에 대한 제 해석에 대해 "천지란 당신의 말처럼 시간 밖에서 창조된 두 가지, 즉 하늘의 하늘이나 무형의 질료인 땅을 의미하지 않는다."라고 말합니다. 그렇다면 모세가 기록한 '천지'란 무엇일까요?

어떤 이는 '하늘과 땅'이라는 두 단어가 눈에 보이는 세계 전체를 포괄하고 있다고 주장합니다. 또 어떤 이는 보이지도 않고 형상도 없는 혼돈 상태의 질료가 본래 하늘과 땅을 의미한다고 주장합니다. 또 천지란 보이는 세계와 보이지 않는 세계를 모두 포괄하는 것이라고 말하는 사람도 있습니다. 또 다른 이는 천지란 완성된 자연이 아니라 은유적인 피조물과 물질적인 피조물이 단지 가능체로서 존재하는 질료일 뿐이라고 말하기도 하지요.

저는 이런 갖가지 주장들을 깊이 생각해 보았지만 별 유익함이 없는 그런 논쟁들을 더 이상 하고 싶지 않습니다. 창조에 대한 말씀을 여러 가지로 해석한다 해도 그 해석들이 각기 옳다면 무슨 문제가 됩니까? 제가 다른 이들과 달리 해석하고 또 다른 사람들이 제 뜻과 달리 그 의미를 파악한다 해서 무슨 곤란함이 생깁니까? 우리는 모세가 진리를 기록했다고 믿기 때문에 설사 우리 해석이 그의 의도와 다르다 해도 우리의 생각대로 은유적인 차원에서 성서를 다양하게 해석할 수 있다고 봅니다.

〈창세기〉의 그 다음 구절 "땅은 보이지 않고 형상이 없었으며 어둠이 심연 위에 있다."를 해석하는 데도 마찬가지로 여러 의견들이 분분합니다. 비록 능력이 부족하긴 해도 저는 여러 의견들을 충분히 생각해 보았습니다.

그런데 어떤 것을 올바르게 기록해 두었다 해도 두 가지 면에서 이견이 생길 수 있습니다. 첫째는 그 내용이 진리인지 아닌지에 대한 논란이고 둘째는 기록자의 의도가 무엇인지에 대한 논란입니다. 따라서 우리는 천지창조의 기록에 대해 다양한 의견을 제기할 수 있고 그것을 기록한 모세의 의도에 대해서도 여러 의문을 제기할 수 있습니다.

하지만 저는 그 내용이 진리인지, 모세의 말이 거짓인지 의문을 갖고 진리에 회의를 품는 사람들을 멀리하고 싶습니다. 하느님의 사랑 속에서 하느님의 진리를 믿는 이들과 연대하여 하느님의 품속에서 즐기고 싶을 따름입니다.

물론 모세의 기록이 반드시 제 해석만 허락하는 것은 아니겠지요. 모세는 분명 진리를 말했으리라 믿고 있지만 그가 무슨 뜻으로 그렇게 기록했는지 사실 저도 확실히 모릅니다. 하지만 그가 제 해석과 다른 의도로 기록한 것은 아니라고 어찌 단언하겠습니까? 오직 모세가 진리를 보고 그 의미를 적절히 표현했으리라 믿어 의심치 않을 따름입니다.

하느님 안에서 겸손을

자신의 해석을 강하게 주장하는 사람들은 모세의 뜻을 특별히 잘 안다기보다 교만한 마음이 강한 사람들입니다. 그들은 그것이 진리이기 때문에 사랑하는 것이 아니라 자기의 견해이기 때문에 애착을 가집니다. 만약 그렇지 않다면 다른 견해도 존중해야 합니다.

저도 그들이 진리를 말하면 그들의 뜻을 존중할 것입니다. 그 의견이 진리라면 그들만의 소유가 아니라 우리 모두가 공유해야 하는 것입니다.

주님의 심판은 두렵습니다. 주님의 진리는 내 것, 네 것이 아니고 우리 모두의 것이기에 개인이 소유하려고 하면 그 진리는 사라져 버립니다. 우리는 너와 나를 초월하여 불변의 진리 안에서만 참다운 진리를 볼 수 있습니다. 이런 점에 의견을 같이한다면 우리는 굳이 논쟁을 벌일 이유가 없습니다.

그러므로 기록된 말씀에 의지해 서로 대치하거나 교만한 마음을 품지 말고 우리 주 하느님을 사랑하고 이웃을 사랑하는 마음으로 의견을 표현합시다. 모세의 기록은 여러 가지 의미를 낳을 수 있기 때문에 모세의 생각이 오직 하나라고 고집하는 것은 어리석은 일입니다. 모세가 그런 기록을 남긴 것도 결국 모든 것의 기본 원칙인 사랑과 자비를 세우기 위한 것이었습니다. 그러므로 우리가 그 뜻을 해석하면서 파괴적인 논쟁을 일삼는다면 참으로 어리석은 일이 될 것입니다.

주님의 말씀을 전하는 모세의 기록이 비록 짧지만 거기에서는 진리의 물줄기가 흘러나옵니다. 이 물줄기로부터 사람들은 많은 다양한 해석을 끌어냈습니다. 어떤 이는 제가 예전에 그랬듯이 하느님을 육체를 지닌 어떤 물질적인 존재로 상상했고 또 어떤 이는 하느님이 천지를 창조할 때 이전에 없던 새로운 뜻을 세워 위에는 하늘, 아래에는 땅을 만들었다고 생각하기도 합니다. 또 하느님의 말씀을 인간의 말처럼 시간 속에 나타났다가 사라지는, 시작과 끝이 있는 소리로 오해하는 사람도 있습니다.

그 중에는 건전한 신앙을 지켜 마침내 창조의 진리에 확실히 도달하는 이도 있지만 교만의 날개를 펼쳐 진리의 둥지에서 벗어나 비참하게 추락하는 사람도 있습니다. 주님께서 그들을 가엾게 여기시고 천사들을 보내 그들을 다시 둥지 안으로 인도하소서.

네 가지 우선순위

천지창조를 이해할 때 무엇이 순서상 먼저인지 알면 불합리한 해석에 빠지지 않게 됩니다. 우리는 영원함, 시간, 선호, 기원이라는 네 측면에서 무엇이 우선인지 이해해야 합니다. 영원함에서 하느님은 모든 피조물에 앞서 계십니다. 시간적으로 보면 꽃이 열매보다 앞서 있고, 꽃보다는 열매가 선호되며, 기원에서는 소리가 노래보다 앞서 있습니다. 그런데 영원함이나 기원의 면에서 우선순위를 이해하는 것은 쉽지 않은 일입니다.

영원하신 하느님이 어떻게 자신은 변하지 않으면서 변하는 피조물을 창조하셨는지, 즉 하느님의 영원성이 시간에 앞서 있는지 이해하기란 쉽지 않습니다. 또 소리가 노래보다 기원상 앞선다는 말도 어렵습니다. 노래는 소리와 분리될 수 없지만 질료인 소리가 어떤 형상을 이뤄 노래가 되기 때문에 앞선다는 말입니다.

이와 같이 우리는 하늘과 땅이라는 질료가 먼저 창조되고 거기서부터 우리가 경험하는 하늘과 땅이 탄생했다는 그 우선순위를 파악해야 합니다. 영원한 창조자가 우선이며 그가 '무'로부터 무형의 질료를 창조하시고 그로부터 만물이 탄생한 것입니다.

다양한 사람들의 다양한 해석에는 일정 정도의 진리가 각기 담겨있습니다. 주님, 우리가 사랑으로 서로 받아들이고 마음이 일치하도록 도와주소서. 우리 모두 진리의 원천이신 하느님을 사랑할 수 있게하소서. 성령의 힘에 의지해 성서를 기록한 주님의 종 모세를 존경하게 하소서. 주님의 진정한 뜻을 우리에게 보여 주시어 우리가 그릇된 해석에 휩쓸리지 않도록 도와주소서.

제13권 거룩한 창조, 평화로운 안식

마지막으로 아우구스티누스는 사제이자 성서 주석가의 입장에서 〈창세기〉 1장에 대한 그의 생각을 정리했다. 《고백록》이 완성될 무렵 아우구스티누스는 두 가지 주제와 씨름했다. 그것은 〈창세기〉와 삼위일체에 대한 해석의 문제였다. 이는 이교도들이 늘 시비를 거는 주제였기 때문에 아우구스티누스는 자신의 입장을 분명히 정리해 둘 필요가 있었다.

먼저 아우구스티누스는 삼위일체를 이해하기 위해 인간 속에 있는 삼위일체의 흔적 세 가지, 즉 자신의 존재, 지식, 그리고 의지에 대해 성찰해 볼 것을 제안한다. 그는 사람들이 내적 성찰을 통해 존재와 지식과 의지가 하나이면서 셋이요, 셋이면서 하나라는 사실을 분명히 깨달으면 삼위일체를 이해하는 데 도움이 된다고 말한다. 오랜 역사를 통해 기독교 신학에서는 삼위일체를 성부와 성자와 성령이 하나의 실체 속에 있는 것으로 정의해 왔다. 하지만 삼위일체의 문제는 신학적으로 여전히 논쟁을 낳고 있으며 우리가 쉽게 이해하기 어려운 주제다. 아우구스티누스도 신성한 삼위일체를 이루는 근거에 대해 누구도 분명히 대답하기 어려울 것이라고 지적한다. 단지 인간에게 부여된 성령의 힘으로 하느님의 진리에 접근할 따름이라고 말한다.

또 〈창세기〉에 대한 은유적인 해석을 통해 선하신 하느님으로부터 창조된 피조물의 선함을 이야기한다. 하느님에 의해 세상이 창조되었다는 것은 신의 의지와 선함에 의존해서 우리가 살고 있다는 뜻이다. 인간은 타락해서 진리를 그 자체로 볼 수가 없다. 천사들처럼 하느님과 그 진리를 직접 대면할 수 없으며 단지 여러 상징들을 통해 부분적으로 진리를 이해할 뿐이다. 인간의 이러한 한계 때문에 우리는 다양한 해석이 가능한 성서를 은유적으로 해석해 신앙생활에 적용할 것을 주장한다.

그리하여 아우구스티누스는 〈창세기〉 1장을 인간의 삶과 연결시켜 은유적으로 풀고 있다. 무형의 질료가 혼돈 상태로 있다가 형상을 받아 아름다운 세계로 탄생했듯이 비참하고 타락했던 인간도 교회의 가르침을 받아 기독교인으로 새롭게 태어나야 한다는 것이다. 하느님이 6일 동안 창조의 작업을 마치고 7일째에 안식하신 것처럼 사람들도 주님이 명하신 선한 임무를 다 마친 후에 하느님 안에서 영원한 안식을 누릴 수 있도록 기원하며 아우구스티누스는 《고백록》을 마친다.

존재의 근원이신 하느님

모든 존재는 최고의 선이신 하느님으로부터 나왔으므로 모두 선합니다. 하느님의 지혜 안에서 창조된 은유적 질료와 물질적 질료는 하느님의 지혜에 의지해 혼돈 상태에서도 그대로 머물 수 있었지요. 그런 무형의 질료들이 당신의 부름을 받아 일정한 형상을 얻게 되었고 하느님의 빛을 받아 하느님을 닮은 빛나는 존재가 되었습니다.

그러나 주님으로부터 등을 돌리면 그 빛은 사라지고 어두운 죄악의 심연 속에서 생명이 없던 그 혼돈의 시절로 떨어지게 됩니다. 은유적인 피조물은 주님을 바라보고 주님께 의존하며 은유적인 생명을 지니고 있기에 당신의 빛을 받습니다.

하느님께서 피조물을 창조하신 것은 당신의 넘쳐흐르는 선함 때문이었습니다. 불변하시며 스스로 충만하신 하느님은 당신이 창조하신 생명 위에 임하시며 사람들의 영이 당신 안에 들어와 쉴 수 있게 하십니다. 생명의 샘이신 당신 곁에서 당신의 빛에 의해 피조물들의 생명이 완성됩니다.

태초에 하느님께서 "빛이 있으라."해서 빛이 생기지 않았다면, 또 은유적인 존재들이 당신의 성령 안에서 안식하지 않았다면 타락한 은유적 피조물들은 어둠과 혼돈 속에 파묻혀 있었을 것입니다. 그러나 주님 안에서 이들은 빛이 되었습니다. 타락한 영혼들의 비참함 가운데에서 당신은 피조물들의 고귀함을 분명히 보여 주셨습니다.

오, 하느님, 당신을 사랑합니다. 당신을 향한 제 사랑이 더욱 강해지도록 도와주소서. 제가 아무리 부유한들 당신을 떠나면 저는 궁핍한 존재일 뿐입니다. 당신이 주신 성령은 당신의 선물입니다. 그 성령 안에서 우리는 안식할 수 있고 기쁨을 누리며 평화를 얻습니다. 그곳이 바로 우리의 '자리'입니다. 사랑은 우리를 높이 올려 그 자리에 앉혀 줍니다.

물체는 그 무게로 각기 자기 자리를 찾아갑니다. 돌은 아래로, 불은 위로, 기름은 물 위로 자기 무게에 맞는 자리를 찾습니다. 제 무게는 제 사랑입니다. 제가 어디로 움직이든 제 사랑이 저를 이끌어 제 자리를 찾아 줍니다. 우리의 사랑은 성령으로 불타오르며 평화로운 예루살렘을 향해 높이 올라갑니다. 주님의 뜻으로 우리는 있어야 할 자리에 있으리니 우리는 당신의 집에 영원히 머물기를 바랍니다.

삼위일체에 대한 이해

과연 누가 전지전능한 삼위일체를 이해할 수 있을까요? 삼위일체를 말하고 논쟁하는 사람은 많아도 그것을 충분하게 이해하는 사람은 드뭅니다.

저는 사람들이 인간 안에 있는 삼위일체의 흔적을 성찰해 보길 바랍니다. 사람들은 인간의 세 가지 측면, 즉 인간 존재, 인간 지식, 인간 의지를 성찰해 보아야 합니다. 이 세 가지 측면은 삼위일체와는 다르지만 이들을 살펴보면서 사람들은 자신과 하느님이 얼마나 다른지 이해하고 깨닫게 됩니다.

저는 존재하며, 무엇을 알고 있고(지식), 무엇에 대한 의지를 지니고 있습니다. 제 존재는 제 지식이자 제 의지입니다. 저는 제가 존재하며 의지가 있음을 알고 있습니다. 저는 존재하려는 의지와 알고자 하는 의지를 지니고 있습니다. 존재하고 인식하고 뜻하는(의지) 이 세 가지 기능 속에서 사람들은 나눌 수 없는 하나의 생명이 살아 움직이고 있음을 깨닫게 됩니다.

이 세 가지는 내 안에서 하나의 생명이요 하나의 마음이며 하나의 본질입니다. 이것들은 생명 안에서 구별되지만 서로 분리될 수는 없습니다. 누구든 내적 성찰을 통해 자신의 존재와 지식과 의지가 셋이면서도 하나라는 사실을 분명히 알 수 있습니다.

그러나 자기 안에서 이런 삼위일체의 신비를 발견했다고 해서 곧바로 모든 것을 초월하는 존재이신 주님 – 불변하는 존재, 불변하는 지식, 불변하는 의지이신 주님 – 을 발견했다고 생각하면 안 됩니다. 사실 이 세 가지 기능이 신성한 삼위일체를 이루는 근거인지, 이 세 가지 요소가 각각의 위(位, 성부·성자·성령)에 존재하며 각 위는 세 가지 기능을 다 지니고 있는 것인지, 혹은 이 두 가지 생각이 모두 타당한 것인지 하는 신비한 문제를 어찌 쉽게 파악할 수 있을까요? 이런 모든 것에 대해 과연 누가 분명히 대답해 줄 수 있을까요? 누가 감히 성급하게 공언할 수 있겠습니까?

창조의 첫째, 둘째 날

거룩하신 하느님, 우리는 성부와 성자와 성령의 이름으로 세례를 받았습니다. 주님은 그리스도 안에서 하늘과 땅을 만들었지요. 하늘과 땅은 교회의 은유적인 부분과 물질적인 부분을 의미합니다. 땅은 가르침을 받기 전에는 보이지도 않고 형태도 없는 존재로 무지의 암흑 속에 덮여 있었습니다. 당신은 자비로움으로 암흑 속에 갇힌 우리를 버리지 않고 "빛이 있으라, 회개하라, 천국이 가까웠느니라."라고 말씀해 주셨습니다. 그리하여 창조의 첫째 날 빛을 낳으시고 빛과 어둠을 나누셨습니다. 우리는 암흑이 싫어 하느님께 방향을 돌렸고 빛을 받았습니다. 이제 우리는 주님 안에서 빛이 되었습니다.

우리 안에 있는 성령은 우리가 이미 빛 가운데 있음을 말해 주고 있습니다. 우리는 소망으로 구원을 받아 빛의 자녀요, 낮의 자녀가 되었고 한때 경험했던 밤의 자녀나 어둠의 자녀가 더 이상 아닙니다. 하지만 불확실한 인간의 지식으로는 어둠의 자녀와 빛의 자녀를 구별할 수가 없지요. 오직 당신만이 우리 마음을 살피시어 빛은 낮이요, 밤은 어둠이라 구별해 주십니다.

우리 머리 위에 드리운 저 권위 있고 견고한 하늘, 저 창공을 당신 이외에 누가 과연 만들 수 있겠나이까? 오, 주님, 당신의 손가락으로 만드신 저 하늘을 보게 하소서. 하늘을 덮고 있는 저 구름을 거두어 주소서. 성서의 권위에 고개 숙이오니 제가 성서의 말씀을 이해하게 하소서.

수면 위에 운행하시는 하느님은 창조의 둘째 날에 물과 물 사이에 있는 저 하늘을 탄생시켰습니다(〈창세기〉 1:6).

저는 눈에 보이는 저 하늘 위에 또 다른 물이 있음을 압니다. 그 물은 지상의 타락과는 거리가 먼 불멸의 존재들이요, 하늘의 백성인 천사들입니다. 그들은 저 창공을 바라볼 필요도 없고 성서를 읽고 당신의 말씀을 영원히 가슴 속에 새길 필요도 없지요. 왜냐하면 항상 당신을 바라보며 영원하신 당신의 말씀을 읽고 따르기 때문입니다.

하느님은 하늘의 백성을 저 창공 너머에 두셨으나 연약하고 낮은 백성들은 이 창공 밑에 두셨고 그들이 창공을 올려다보면서 당신의 사랑을 깨닫게 만드셨습니다. 연약하고 낮은 백성들은 당신의 거룩함에 의해 당신이 계신 곳, 당신이 수면 위에 만드시고 임하신 곳으로 오르게 됩니다. 우리 영혼은 그 수면을 통과하여 하느님 곁에서 최상의 안식에 이를 수 있습니다.

주님은 불변의 존재이며 불변의 지식이요 불변의 의지입니다. 절대적인 의미에서 당신이 어떠한 존재인지 아시는 분은 오직 당신 한 분뿐입니다. 불변하는 빛은 스스로를 알지만 빛을 받는 가변적인 존재인 우리가 주님을 안다고 하는 것은 당치도 않습니다. 생명의 원천이요 빛이신 주님을 사모합니다. 주님의 빛 안에서 우리가 참된 빛을 보게 하소서.

창조의 셋째, 넷째 날

오, 주님, 짜디짠 물을 한곳에 모아 바다를 만드시고 열매를 맺는 마른땅이 드러나도록 명령하신 분은 당신입니다. 주님은 창조의 셋째 날 천하의 물을 한곳으로 모이게 하고 땅이 드러나게 하셨지요 (〈창세기〉 1:9). 땅에는 온갖 풀과 채소와 열매가 풍성한 나무를 창조하셨습니다. 짠 바다도 마른땅도 모두 당신의 손으로 지으셨습니다.

인간들은 짜고 쓰라린 삶을 살면서 하나의 사회를 이루었습니다. 그들은 일시적이고 세속적인 행복을 공통적으로 추구합니다. 그 목적을 위해 온갖 근심과 걱정 속에서 이리저리 헤매며 살고 있습니다. 하느님은 인간들의 욕심을 통제하시고 그 한계를 그어 주셨습니다. 그리고 주님을 따르고자 하는 영혼들에게 짠 바다를 벗어나 달콤한 물이 샘솟고 열매가 열리는 땅을 선사하셨습니다. 우리 영혼도 주님의 명령에 따라 자비의 씨앗을 품고 궁핍한 이웃들을 향해 사랑의 열매를 맺게 하소서.

주님은 창조의 넷째 날 하늘에 광명이 있게 하시고 그 광명이 땅을 비추도록 하셨습니다(〈창세기〉 1:14~15). 우리도 그 광명을 비추어 굶주린 이를 먹이고 떠도는 걸인들을 집에 맞아들이며 헐벗은 자를 입히는 사랑을 베풀게 하소서. 우리가 생명의 말씀을 얻어 세상에 빛이 되게 하소서. 주님은 당신의 자녀들을 하늘의 별과 같이 두시고 이 땅을 비추게 했습니다.

어떤 부자가 그리스도에게 와서 "어떻게 하면 영생을 얻으리까?" 라고 묻자 그리스도는 계율을 지키고 악을 멀리하라고 대답했지요. 부자가 자신은 이미 그것을 지켰다고 대답하자 그리스도는 "좋은 땅에서 어찌 가시덤불이 자라나겠느냐? 너는 탐욕의 가시덤불을 뽑아내고 네 소유물을 팔아 가난한 이들에게 나누어 주어라. 그리고 주님의 말씀을 따르라."라고 일렀습니다. 주의 백성들아, 모든 것을 버리고 주를 따르라. 생명의 말씀을 지닌 빛이 생겼으니 그 빛을 만백성에게 비추고 온 세상에 그 빛을 알려라.

창조의 다섯째, 여섯째 날

당신은 창조의 다섯째 날 마침내 바다로 하여금 생명을 잉태하여 그것을 내놓으라 하셨습니다. "바닷물은 기어 다니는 생명체와 하늘을 나는 날짐승을 내놓아라." 하시니 물들은 생물로 번성케 되었고 땅 위의 하늘에는 새가 날게 되었습니다. 주님은 그들에게 축복을 주셨습니다(〈창세기〉 1:20~23).

당신이 만드신 모든 것들은 아름답습니다. 그러나 이 모든 것을 만드신 창조주 하느님은 이루 형언할 수 없을 만큼 아름답습니다. 사람들은 하늘 아래에서 성서의 가르침을 받으며 하느님을 향해 더 높이 은유적으로 살면서 완성을 향해 나가야 합니다.

창조의 여섯째 날에 하느님은 땅의 생물들을 창조하시고 하느님의 형상을 따라 인간을 창조하셨습니다(〈창세기〉 1:24~27). 물에서 분리되어 나온 땅에서는 생물들(살아 있는 영혼들)을 내놓았습니다. 날아다니는 짐승들과 기어 다니는 피조물들이 바다를 위해 움직이듯 생물들은 땅을 위해 움직입니다.

이제 당신을 섬기는 종들에게 땅 위에서 일하게 하소서. 깊고 짠 물의 소용돌이에서 분리돼 나온 마른땅에서 부지런히 일하게 하소서. 이들이 모범을 보여 믿는 자들이 모두 그 모범을 따르게 하소서. 당신은 땅으로 하여금 생명의 샘에서 살아 있는 영혼들을 낳게 하셨습니다. 그 영혼들은 당신의 말씀 안에서 그리스도를 본받음으로써 순결하게 되었습니다.

주님, 우리는 탐욕을 억제하고 선하게 삶으로써 살아 있는 영혼이 되었습니다. 그리하여 "너희는 세상을 따르지 말고 오직 마음을 새롭게 하여 변화를 얻어라."라는 당신의 말씀을 따랐습니다.

하느님은 "우리의 형상에 따라 우리의 모양대로 우리가 사람을 만들고 그로 하여금 바다의 물고기와 공중의 새와 땅의 생물을 다스리게 하자."라고 말씀하셨습니다. 그리고 하느님의 형상대로 사람을 창조하시고 그들에게 축복을 주셨습니다.

당신은 "사람이 생기라."라고 하시지 않고 "사람을 만들자."라고 했습니다. 또 "너희 종류대로 너희 종류에 따라" 살라고 하시지 않고 "우리 형상에 따라 우리 모양대로" 만들자고 하셨습니다. 그것은 인간이 자기와 같은 종류의 인간을 모범으로 따르지 않고 창조주 하느님의 인도에 따라 당신의 온전한 뜻을 분별할 수 있게 인간을 만들었다는 뜻입니다. 그리하여 인간이 당신의 선하시고 온전한 뜻이 무엇인지 분별할 수 있게 하셨고 '우리의 형상'을 통해 삼위일체의 도리를 알게 하셨습니다.

이성을 지닌 인간은 지적인 이해력 덕분에 바다와 하늘과 땅의 이성이 없는 짐승들을 다스릴 수 있게 되었습니다. 하지만 인간은 이런 귀한 위치에 있으면서도 자신의 막중한 책임을 알지 못하고 스스로 짐승처럼 변했지요. 그러나 주님, 우리는 당신의 교회에서 당신의 은혜에 힘입어 선한 일을 하도록 새로이 지음을 받았습니다.

주님은 인간들을 특별히 축복하여 "낳아 기르고 번성하여 땅에 충만하라."라고 이르셨습니다. 사람의 생육(生育, 낳고 기름)과 번식이란 정신적으로 풍성한 이성의 열매를 맺는 것입니다. 당신의 이러한 축복으로 인간은 사상적으로 풍요해졌고 다양한 해석을 할 수 있게 되었습니다.

오, 하느님, 당신은 스스로 창조하신 것들을 모두 보시며 아주 좋았다고 하셨지요. 우리도 그것을 보니 무척 좋았습니다. 모든 사물은 각기 나름대로의 아름다움이 있지만 전체는 조화로움으로 인해 더욱 아름답습니다. 우리에게 주신 성령으로 인해 우리는 당신으로부터 나온 모든 존재의 아름다움과 선함을 보게 됩니다.

창조의 은유적 해석 정리

하느님은 시간 이전에 예정하신 바를 시간 속에 나타내시어 감추어진 것은 보이게 하고 혼돈된 것에는 질서를 부여했습니다. 인간은 죄의 무게에 짓눌려 어둡고 깊은 심연에 빠져 혼돈 상태로 있었습니다. 이에 주님의 영혼이 그 위를 감돌아 우리를 도와주시고 사악한 이들로부터 우리를 분리해 주셨습니다. 혼돈된 질료에 형상을 부여한 것은 혼돈된 인간들을 새롭게 형성하고 의롭게 하시는 과정과 같다고 생각합니다.

또 저 하늘에 빛을 내리시어 당신의 말씀을 간직하고 따르는 이들에게 숭고한 권위로 빛을 비추게 했습니다. 당신을 믿지 않는 백성들을 교회로 인도하셨고 믿는 자들을 축복하기 위해 성서의 말씀을 주셨습니다. 당신을 믿는 자들에게 절제를 가르치고 탐욕을 다스리게 하여 살아 있는 영혼이 되게 했고 인간의 이성으로 늘 새롭게 살 수 있도록 하셨습니다. 우리에게 성령을 내리시어 우리가 그 안에서 당신을 사랑하게 하셨습니다.

일곱째 날의 안식

오, 하느님, 이제 우리에게 안식을 주소서. 저녁이 없는 안식일의 평화를 주소서. 하느님은 해가 지지 않고 저녁이 없는 일곱째 날을 맞이하여 이를 거룩하게 하시고 영원히 지속하도록 축복하시고 안식하셨습니다. 당신이 우리 안에서 일하셨듯이 그날은 당신께서 우리 안에서 안식하실 것입니다. 당신이 이 세상에서 하라고 명하신 일들을 다 마치고 나서 우리도 당신 안에서 편히 쉬기를 바랍니다.

당신의 창조물들은 당신이 먼저 보셨기 때문에 존재했지만 우리는 그것이 존재함으로써 볼 수 있습니다. 인간은 사물이 존재해야 인식할 수 있지만 주님은 먼저 아신 다음에 존재를 낳았습니다. 우리는 육신의 눈으로 어떤 존재를 볼 수 있지만 마음의 눈을 통해 그것이 선하고 좋다는 것을 알게 됩니다. 당신의 은혜로 선한 일들을 다 마친 후에 우리는 당신의 성스러움 안에서 영원히 안식하고 싶습니다.

누가 우리에게 이 진리를 가르쳐 줄 수 있을까요? 어느 천사가 이것을 해석해 줄 수 있을까요? 어느 천사가 인간에게 이 진리를 알게 해 줄까요? 오직 당신에게 간절히 기도하게 하시고 우리가 당신의 문을 두드리게 하소서. 그러면 찾는 이에게 그 문이 열릴 것입니다. 아멘.

《고백록》, 신에게 드리는 참회와 사랑

1. 아우구스티누스의 삶과 시대

1) 시대 상황

아우구스티누스는 고대 로마 제국의 말기에 해당되는 4세기 중엽 북아프리카 해안의 작은 마을 타가스테에서 태어났다. 타가스테는 오늘날 알제리 동쪽에 있는 지역으로 지금은 이슬람교를 믿는 곳이지만 아우구스티누스가 살던 당시는 로마 제국의 영토로서 기독교를 믿는 곳이었다.

이곳에서 태어난 아우구스티누스는 북아프리카의 대도시 카르타고와 히포, 로마 제국의 중심지인 로마와 밀라노 등지에서 수사학자,

성직자, 신학자로 활동하다가 430년 북아프리카의 항구 도시 히포에서 76세를 일기로 생을 마감했다.

당시 북아프리카 일대는 로마 제국의 식민지였는데 자원이 풍부하고 생활 여건도 비교적 넉넉한 편이었다. 이 지역은 본국 로마에 식량을 공급하는 곡창지대였으며 세금도 잘 납부해 로마 제국을 지탱하는 중요한 기둥 역할을 했다. 또한 넉넉한 생활수준에 걸맞게 교육에 대한 열의가 있었고 그에 따라 교양과 지식수준도 높아 로마 제국의 유명한 지식인들이 이 지역에서 많이 배출되었다.

아우구스티누스도 북아프리카의 이런 분위기 속에서 자라나서 어릴 때부터 그리스와 로마의 고전 문학과 철학을 공부했다. 《고백록》에도 나오듯이 그는 어린 시절에 받은 폭넓은 고전 교육이 자신의 일생에 많은 영향을 미쳤다고 말했다.

또한 북아프리카의 지식층이나 상류층 사람들은 아프리카를 벗어나 로마에서 성공하는 것을 선망했다. 아프리카의 하급 관료였던 아우구스티누스의 아버지가 어려운 가정 형편에도 불구하고 아우구스티누스에게 좋은 교육을 받게 하려 했고, 아우구스티누스 자신도 젊은 시절에 방황하면서도 돈과 출세와 지위를 추구했던 것은 로마의 기득권층에 편입되려는 욕망 때문이었다.

북아프리카 지역에서 기독교는 2세기 초부터 적극적인 선교 활동에 나섰고 2세기 후반부터는 기독교 공동체가 설립될 정도로 활발한 움직임을 보였다. 유명한 폭군 네로를 포함하여 몇몇 황제들에 의한 기독교 박해 기간에는 선교 활동이 일시적으로 정체되기도 했으나, 300년경에는 지중해 근처의 대도시 일대에서 기독교가 다시 확고하게 자리를 잡았다. 알렉산드리아 같은 대도시의 교회는 큰 종교 집단을 형성하며 유능한 교회 지도자들을 배출했고 그런 가운데 아우구스티누스 같은 세계사적 인물이 등장하게 된다.

콘스탄티누스 황제가 스스로 기독교로 개종하고 313년에 기독교를 공인하면서 로마 제국에서 기독교에 대한 박해는 완전히 종식되었다. 또한 테오도시우스 황제는 395년에 기독교를 로마의 국교로 공표했다. 이때가 아우구스티누스가 정식 세례를 받은 지 8년 뒤며 히포의 주교가 되기 1년 전이었다.

아우구스티누스가 살던 시대는 세계사적 대격변기였다. 고대 사회가 석양에 지고 중세 사회의 태양이 지평선 위로 동터 오르던 시절이었다. 유럽의 고대 사회를 이끌어 갔던 로마 제국은 경제 파탄과 정치 혼란으로 말기 증세를 드러내며 나라 안팎으로 깊은 수렁에 빠져 있었다. 유럽 전역을 뒤흔든 게르만족 대이동으로 수많은 침략을 받았지만 로마 제국은 그에 대해 거의 속수무책이었다.

이런 암울한 시대에 살아야 했던 당시의 사람들은 정신적인 방황과 혼란을 겪지 않을 수 없었고 그래서 기독교를 포함하여 종교에 더욱 강하게 의지했다. 아우구스티누스를 최후의 고대인, 혹은 최초의 중세인이라고 부르는 것은 그가 이런 대격변의 시대에 살았기 때문이다.

서고트족의 침략(410년)으로 '영원한 도시'라 불리던 로마가 함락되자 충격에 휩싸인 로마인들은 신에 대한 의구심을 갖고 기독교에 그 책임을 전가하려 했다. 이러한 반기독교적인 분위기를 이겨 내기 위해 아우구스티누스는 스물두 권에 이르는 방대한 저서 《신국론》을 집필하고 기독교 신앙을 옹호했다. 그러나 반달족이 침입(429년)하여 북아프리카 일대도 쑥대밭이 되었고 기독교는 또 한번 위기를 맞는다. 반달족은 방화, 약탈, 살인을 일삼으며 북아프리카 일대를 공포의 도가니로 몰아넣었고 사람들은 두려움에 떨었다.

이런 상황에서도 아우구스티누스는 신도들에게 힘을 불어넣기 위해 《인내의 은총》이라는 책을 집필했을 뿐만 아니라 피난을 떠나자는 주위의 요구도 단호히 거절했다. 하느님의 어린 양들을 책임지고 보호하기 위해 그는 끝까지 히포를 지켰지만, 반달족은 끝내 히포를 포위하고 해안을 봉쇄했다(430년). 그로부터 3개월 뒤 아우구스티누스는 심한 열병을 앓다가 세상을 떠났다. 아우구스티누스가 사망한 뒤 46년 후에, 서로마 제국의 찬란했던 역사도 완전히 종지부를 찍고 동로마 제국이 그 명맥을 잇는다(476년).

하지만 로마 제국의 몰락과는 반대로 기독교는 도리어 힘을 얻게 되었다. 로마 황제의 힘은 점차 약화되었지만 게르만족에게 포교를 시작한 가톨릭 교회는 점점 교세를 넓혀 나갔다. 가톨릭 교회는 안으로 분열을 극복하고 이단적인 신앙을 척결하면서 새로운 도약을 준비하고 있었다. 게르만족의 대이동과 로마 제국의 몰락은 기독교의 주요 무대를 지중해에서 북유럽으로 옮겨 갔다.

　로마 제국 영토 안에 있던 모든 시설과 행정 조직이 파괴되고 사회가 황폐해지자, 사람들에게 기독교는 유일한 희망으로 떠올랐고 기독교 신앙은 더욱 사람들의 생활 속으로 파고들었다. 결국 가톨릭 교회는 게르만 민족과 손을 잡고 중세라는 새로운 시대의 막을 열면서 그 주인공으로 떠오르게 된다.

2) 아우구스티누스의 생애

　《고백록》에서 아우구스티누스는 어린 시절부터 서른세 살까지의 삶을 이야기하고 있다. 젊은 날의 고뇌와 방황, 뒤늦게 개종하기까지의 과정을 그 안에 그려냈는데, 이제 《고백록》에서 다룬 부분을 포함하여 그의 전 생애를 살펴보자.

　앞에서도 말했지만 아우구스티누스는 북아프리카의 타가스테라는 작은 도시에서 태어나 그곳에서 초등교육을 받았다. 그의 아버지 파트리키우스는 본래 기독교 신자가 아니었지만 독실한 기독교 신자인 어머니의 영향으로 세상을 떠나기 직전에 세례를 받는다. 타가스테의 하급 관리였던 아버지는 크게 가진 것이 없는 소시민이었지만 자식에게는 자신이 못 이룬 성공과 출세를 이루게 하기 위해 무리해서라도 아우구스티누스를 교육시키려고 애썼다. 신앙심이 깊었던 어머니 모니카는 가족과 주변 사람들을 사랑과 지혜로 보살펴 많은 사람들로부터 존경을 받았다. 항상 자식을 기독교도로 만들고 싶었던 그녀는 아우구스티누스가 뒷날 기독교로 개종하고 사제로 살아가는 데 커다란 정신적인 지주가 되었다.

아우구스티누스는 초등교육을 마치고 고향에서 남쪽으로 약간 떨어진 마다우라에 가서 중등교육을 받았지만 열여섯 살 때 집안 형편이 어려워 학업을 중단하고 집으로 돌아왔다. 이때 아우구스티누스는 무척 괴롭고 심리적으로 위축된 1년을 보냈다. 하지만 곧 고향의 어떤 유지로부터 도움을 받아 카르타고로 본격적인 유학을 떠난다. 오늘날 튀니지의 수도 튀니스에 해당하는 카르타고는 당시 로마 제국에서 두 번째로 크고 북아프리카에서는 제일 큰 도시로서 정치·교육·문화의 중심지였다.

그곳에서 아우구스티누스는 수사학자가 되기 위해 열심히 공부하면서 한 여인을 만나 열여덟 살의 어린 나이에 아들까지 얻었다. 혼전 동거는 후기 로마 제국 시대에는 흔히 있는 일이었으나 신분 격차로 인해 어머니와 주변 사람들이 그 여인과의 결혼을 반대했다. 결국 13년 후 다른 여인과 약혼하기 위해 그녀와 이별해야 했을 때, 그의 슬픔은 무척 깊었다고 한다.

또한 아우구스티누스의 아들에 대한 사랑은 무척 깊어, 그에게 '신의 선물'이라는 뜻의 아데오다투스라는 이름을 지어 주었다. 그는 개종을 결심하고 카시키아쿰에서 명상하면서 아들과 나눈 대화를 《교사론》이라는 책으로 만들 만큼 아들의 교육에도 많은 관심을 기울였다. 그러나 불행히도 총명했던 아들은 열일곱 살이라는 어린 나이에 세상을 떠나고 말았다.

젊은 시절 카르타고에서 육체적인 욕망에 빠져 방황하던 아우구스티누스는 당시 지중해 연안에 널리 퍼져 있던 마니교에 빠졌다. 이무렵 그는 선과 악, 정신적인 진리와 육체적인 욕망의 문제로 갈등하고 있었는데, 마니교는 이런 고민에 답을 주는 듯이 보였다. 마니교는 원래 페르시아의 마니가 창시한 종교로 선과 악, 즉 빛의 신과 어둠의 신이 이 세계에 공존하고 절대적인 선이나 절대적인 악은 없다는 이원론을 주장했다. 이러한 이원론은 빛과 진리는 오직 하나라는 기독교의 일원론보다는 처음에 그에게 훨씬 설득력이 있었던 것 같다.

이렇게 어머니의 기대와 달리 마니교에 빠진 아우구스티누스는 스물한 살이 되던 해에 동거 여인과 자식을 데리고 고향을 찾았으나 어머니의 슬픔과 분노로 한동안 집안에 들어갈 수도 없었다. 고향에서 문법 교사를 하던 아우구스티누스는 다시 카르타고로 돌아와 그곳에서 잠시 수사학 교사 생활을 했는데 이즈음 그는 점성술에도 관심을 보인다.

스물아홉 살 때 아우구스티누스는 좋은 보수와 성공이 기다리고 있다는 제국의 수도, 로마로 자리를 옮겨 보았지만 그의 기대와 달리 로마는 출세와 성공의 땅이 아니었다. 로마에서 수사학 교사로 성공하려던 그에게 로마의 학생들은 수업료나 떼어먹고 도망가는 실망스런 존재들이었다. 이렇게 카르타고에서도 로마에서도 행복을 찾지 못하고, 마니교에도 기독교에도 마음을 정착시키지 못한 아우구스티누스는 잠시 회의론에 의지해 자신의 마음을 달래기도 했다. 그는 아카데미학파에서 주장하는 회의론을 통해 마니교에 대한 의구심을 갖게 되었고 뒤에 마니교를 떠나게 된다.

이 무렵 아우구스티누스는 밀라노에서 수사학 교사를 공식 채용한다는 소식을 듣고 그 선발 시험에 응시해서 합격했다. 밀라노에 간 그는 당시 밀라노 주교로 활약하고 있던 암브로시우스를 만나 삶의 일대 전환기를 맞게 된다. 고매한 인격과 높은 학식을 갖춘 암브로시우스는 아우구스티누스가 의문을 품었던 구약성서를 은유적으로 해설해 그를 깊이 감동시켰고 성서에 대한 깊은 안목을 열어 주었다. 암브로시우스는 마니교와 회의론을 극복하는 데 필요한 결정적 힘을 주었고 기독교 신앙으로 그를 인도했다. 비로소 아우구스티누스에게 기독교의 새로운 지평이 열린 것이다.

이즈음 그는 신플라톤주의 철학에도 심취하게 된다. 플라톤 철학을 통해 은유적인 존재이자 절대자를 확신하게 되었고 마니교의 선악 이원론에서도 벗어날 수 있었다. 그러나 마음은 하느님께 확실히 다가갔어도 세속적인 야망과 욕망은 쉽사리 끊을 수 없었기 때문에 아우구스티누스는 여전히 정신적 방황에서 벗어나지 못했다.

이런 방황 끝에 아우구스티누스는 암브로시우스를 도와주던 사제 심플리키아누스를 찾아가 빅토리누스에 대한 이야기를 듣는다. 빅토리누스는 로마의 유명한 수사학 교사로 그리스어 철학서들을 라틴어로 번역하는 데 크게 공헌한 인물이었다. 그렇게 뛰어난 빅토리누스도 처음에는 우상을 숭배하고 기독교를 비웃다가 마침내 십자가에 무릎 꿇고 세례를 받았다는 것이다.

빅토리누스의 개종 이야기는 아우구스티누스를 더욱 갈등하게 만들었다. 세속에 타협할 것인가 순결한 삶을 다시 시작할 것인가를 놓고 고민하던 그는 자신의 집 정원의 무화과나무 아래에 주저앉아 눈물을 흘리며 자신의 죄와 고통에 대해 하느님께 기도를 올렸다. 이때 밖에서 "들고 읽어라! 들고 읽어라!"라는 어린아이의 노랫소리가 들려왔다. 그는 즉시 달려가 성서를 펼치고 떨리는 심정으로 읽어 내려갔다. 그 구절은 〈로마서〉 13장에 있는 것으로 방탕하지 말고 하느님께 귀의하라는 내용이었다. 아우구스티누스는 이 신비스런 체험을 통해 방탕했던 과거와 완전히 결별하고 참다운 기독교인으로 다시 태어났다. 그의 나이 서른세 살 때의 일이었다.

세속적인 미련을 모두 버린 아우구스티누스는 밀라노의 수사학 교사직을 사임하고 밀라노 근교의 카시키아쿰에 있는 한적한 별장으로 가서 휴식과 명상으로 평화로운 시간을 보내며 세례를 받을 준비를 했다. 어머니와 아들, 그리고 친한 친구들과 모여 함께 6개월 정도 지냈는데 이 기간 동안에 그는 자신의 초기 저서들을 저술했다.

이듬해에 아우구스티누스는 밀라노로 가서 암브로시우스 주교에게 세례를 받는다(387년). 그리고 고향으로 돌아가 수도원을 세우려고 결심한다. 귀향하려고 오스티아에서 북아프리카로 떠날 배를 기다리다가 그는 유명한 '오스티아에서의 신비 체험'을 하게 된다. 그 후 어머니는 심한 열병에 걸려 세상을 떠났고 어머니를 여읜 그는 한동안 슬픔과 충격에서 헤어나지 못했다.

고향에 돌아온 아우구스티누스는 재산을 정리해서 빈민들에게 나누어 주고, 살던 고향 집을 수리해 기도와 명상을 하는 수도원을 만들었다. 이때 고향에서 약 3년간 평신도 자격으로 수도 생활을 했는데, 이는 아우구스티누스의 일생에서 매우 의미 있는 경험이었다.

그는 그곳에서 자신의 신앙을 더욱 깊게 다질 수 있었고 여러 권의 저서도 쓸 수 있었다. 그리고 당시 북아프리카에서 카르타고 다음으로 큰 도시였던 히포를 방문하게 되는데, 거기서 그는 발레리우스 주교의 강력한 요청으로 사제 서품을 받고 마침내 공식적인 성직자의 길에 들어선다. 아우구스티누스의 설교와 가르침이 많은 사람들을 감동시키면서 그의 명성은 점점 높아졌고 마흔 두 살의 나이에 아우구스티누스는 히포의 주교로 임명되었다.

당시 히포 교회는 마니교와 도나투스파 교회 양쪽으로부터 거센 도전을 받는 상황에 처해 있었다. 아우구스티누스는 마니교를 반박하는 책을 집필하고 군중들 앞에서 공개 토론까지 벌이며 마니교 비판을 본격적으로 전개했다. 이런 아우구스티누스의 노력 덕분에 히포에서 마니교의 영향력은 점점 약화되었다.

한편 북아프리카 일대는 교회의 분열로 몸살을 앓고 있었다. 신성 문제와 세례 문제로 가톨릭 교회에서 이탈해서 따로 교회를 세운 도나투스파는 북아프리카 일대 민중들에게 상당한 영향력을 미치고 있었다. 아우구스티누스가 히포에 왔을 때 히포의 교인들 대부분이 도나투스파 교회에 속해 있었고 아우구스티누스는 이때부터 분열된 교회를 일치시키기 위해 백방으로 노력했다.

그는 폭력과 테러까지 서슴지 않는 도나투스파 교회를 누르기 위해 황제에게 호소문을 보냈고 많은 사람들을 만나 열렬히 설득하고 호소했으며, 그들과 교리에 대해 치열하게 논쟁하며 글을 써냈다. 이렇게 아우구스티누스가 교회 안팎으로 치열하게 분투하는 나날 속에서 《고백록》도 쓰여졌다. 히포의 주교가 된 후 쓰기 시작한 《고백록》은 4년여 만에 완성되었다.

도나투스파와의 논쟁이 마무리될 무렵 아우구스티누스는 다시 자유 의지와 은총의 문제를 가지고 펠라기우스 논쟁에 휘말린다. 도나투스 논쟁은 주로 북아프리카 지역에만 국한된 교회의 논쟁이었던 반면 펠라기우스 논쟁은 당시 기독교 세계 전체에 큰 파문을 일으킨 논쟁이었다. 결국 젊은 수도사 펠라기우스가 에베소 종교 회의에서 이단으로 규정받아 파문당하면서 이 논쟁은 종결되었다(431년). 그것은 아우구스티누스가 세상을 떠난 지 1년 뒤의 일이었다.

2. 아우구스티누스에게 영향을 미친 사상과 논쟁

로마 제국이 지중해 주변을 통일하며 전성기를 누릴 때 이집트나 시리아, 페르시아 등지의 이질적인 문화와 다양한 종교들이 로마 제국으로 밀려들어 왔다. 로마 제국은 마치 사상과 종교의 전시장인 양 각종 종교의 깃발이 나부꼈고 새로운 사상이 유행처럼 번지고 있었다. 아우구스티누스가 일생 동안 사상적, 종교적으로 갈등을 많이 겪었던 것도 이런 사회적 분위기와 무관하지 않다.

쾌락과 출세에만 관심을 가졌던 청소년기의 아우구스티누스는 어느 날 키케로의 책《호르텐시우스》를 읽고 진리의 세계에 조금씩 눈을 뜬다. 그동안 품어 왔던 세속의 욕망들이 얼마나 헛된 것인지 깨닿게 되면서 그는 불멸의 지혜를 추구하고자 했다. 하지만 현란한 논리와 말솜씨를 중요하게 보는 수사학을 공부한 그에게 성서는 비논리적이고 촌스럽게 느껴졌고 기독교는 절실히 다가오지 않았다. 그래서 아우구스티누스는 정신적으로 긴 방황의 세월을 거친 뒤에야 기독교에 귀의한다. 젊은 시절에 그를 유혹하는 사상은 주변에 널려 있었고 기독교로 개종한 이후에도 신학적인 도전과 논쟁은 만만치 않았다. 여기서 아우구스티누스가 부딪혔던 여러 가지 사상과 논쟁들에 대해 간략히 살펴보자.

① 마니교

정신적인 지혜와 육체적인 욕망, 선과 악의 문제 등을 깊이 고민하던 아우구스티누스는 카르타고 시절에 그 일대에 퍼져 있던 마니교에 빠진다. 마니교의 선악 이원론은 그의 고민에 상당히 합리적인 해답을 주는 듯했고 아우구스티누스는 약 9년여 동안 마니교도로 살았다.

마니교는 3세기에 바빌론의 귀족으로 태어난 마니가 창설한 종교로 기독교, 불교, 조로아스터교 등 당시 유행하던 종교들을 두루 종합한 성격을 띠고 있었다. 마니교는 철저한 이원론을 주장했는데, 이것은 우주에는 빛과 어둠, 선과 악 같은 서로 대립된 두 원리가 존재하며 그것들은 공존한다는 이론이었다. 마니교의 이론에 따르면 어둠의 세력이 빛의 왕국을 침략해 서로 싸우다가 어둠의 신이 빛을 삼 킴으로써 둘은 서로 혼합되었고 이런 대립적 요소가 혼재된 결과 인 간과 세상이 만들어졌다고 한다. 따라서 마니교에서 말하는 구원은 어둠에서 빛을 해방시키는 것이었다.

또 마니교는 물질주의를 신봉했다. 마니교는 모든 것을 물질로 이 해하면서 은유적이고 영적인 세계를 인정하지 않았고 신이나 인간의 영혼마저 섬세한 물질이라고 설명했다. 이러한 이론에 접하게 되면 서 아우구스티누스도 처음에는 하느님을 공간을 차지하는 어떤 빛나 는 물질로 이해했다.

그러나 영혼의 힘에 대해 눈을 뜨게 되면서 그는 마니교의 물질 주의에서 벗어나 시공을 초월한 은유적 존재로서의 하느님을 깨닫 기 시작한다. 나아가 마니교가 말하는 선악은 왜 영원히 투쟁해야 하 는지, 마니교는 어떤 근거에서 옳다고 할 수 있는지 점점 회의를 느 낀다. 결국 아우구스티누스는 마니교의 주교 파우스투스를 만나 의 문을 풀려고 했으나 그의 대답이 명확하지 않자 그로부터 몇 년 후 마니교를 떠나게 된다.

② 점성술과 회의주의

젊은 시절 고향에서 잠시 수사학 교사 생활을 하다가 친한 친구의 죽음을 목격하고 충격을 받은 아우구스티누스는 마음을 추스르지 못한 채 카르타고로 돌아가 잠시 점성술에 심취했다.

점성술은 인간의 운명이 하늘의 별자리 운행에 의해 결정된다고 믿는 일종의 운명론이다. 마니교를 믿으면서도 정신적인 방황을 계속했던 아우구스티누스는 돌연 이런 숙명론에 이끌리기 시작했다. 그는 점성술이 맞아 떨어졌다면 그것은 우연의 일치일 뿐이라는 주위의 진심 어린 충고에도 아랑곳하지 않고 삶의 성공과 실패를 점으로 예측하는 점성술에 한동안 매료되었다.

그러나 점성술은 과학적 지식에 근거하지 않은 허황된 것이며 경험적으로 관찰해 보아도 맞지 않는 사례들이 많았다. 더욱이 기독교 신앙에서는 도저히 받아들일 수 없는 주장들이 많았기에 로마로 가서 수사학 교사로 있던 시절에 회의주의를 접한 아우구스티누스는 점차 점성술과 마니교의 세계에 회의를 느끼게 된다.

회의주의 철학자들은 인간은 결코 진리 그 자체를 얻을 수 없으며 다만 진리의 개연성이나 근사치만을 얻을 뿐이라고 주장했다. 그들은 일체의 감각이나 언어는 모두 불확실하고 미완성의 것이라고 보았다.

원래 회의주의 철학은 기원전 3세기 플라톤의 아카데미학파에서 갈라져 나온 아카데미 회의주의 학파에서 시작된 것인데, 이들은 참과 거짓을 구별하는 기준이 있다는 생각을 거부했다. 한동안 이런 주장에 빠졌던 아우구스티누스도 나중에는 〈아카데미학파에 반대하여〉라는 글을 통해 회의주의를 극복하고 기독교 신앙을 통해 참 진리의 길을 발견하게 된다.

③ 신플라톤주의

로마에서 밀라노로 간 아우구스티누스가 마니교나 회의론으로부터 벗어나는 데 결정적인 역할을 한 것은 암브로시우스의 설교와 성서 해석이었지만 신플라톤주의 철학도 거기에 한몫을 했다. 신플라톤주의란 3세기 경 이집트계 그리스인 철학자 플로티누스(204~270년)가 고대 그리스의 플라톤 사상을 새롭게 정리하고 되살려 낸 사상을 말한다. 아우구스티누스가 살았던 시기의 로마를 중심으로 지식인들 사이에는 고대 플라톤 철학이 널리 유행하고 있었다.

플로티누스는 악의 근원을 물질과 육체성으로 규정할 만큼 금욕적이고 정신적인 삶을 강조해 '부활한 플라톤'이라고 불렸다. 아우구스티누스는 이런 플로티누스로부터 깊은 영감을 받고 신플라톤주의 철학을 가리켜 "이집트에서 온 황금"이라고 칭찬을 아끼지 않았다. 그는 신플라톤주의 사상을 통해 그동안 고민해 왔던 철학적이고 신앙적인 여러 문제들에 대해 명쾌한 해답을 얻는다.

신플라톤주의는 아우구스티누스에게 첫째, 마니교에서는 제시하지 못했던 은유적인 세계가 있음을 가르쳐 주었다. 플라톤이 주장한 영혼의 세계인 이데아는 하느님이 어떤 공간을 차지하는 물질적인 존재가 아니라 시공을 초월한 지고의 은유적 존재임을 깨닫는 데 큰 도움을 주었다.

둘째, 신플라톤주의는 일원론을 추구하므로 마니교의 선악 이원론을 극복하는 데 도움을 주었다. 악이란 선과 대립된 어떤 독립된 실체가 아니라 선함이 모자란 것, 즉 선의 결핍이 바로 악이라는 사실을 깨닫게 해 주었다.

셋째, 불안한 영혼이 안식을 얻으려면 외적 세계에서 내면 세계로, 시간에서 영원으로, 복잡한 현실에서 근원적인 하느님에게로 돌아가야만 한다는 점을 분명히 깨우쳐 주었다.

플라톤주의는 마니교의 어둠에 갇혀 있던 아우구스티누스에게 빛이 되었고 그가 기독교로 마음을 돌리는 데 결정적인 안내자 역할을 했다. 또한 종교와 철학을 분리하지 않고 종합적으로 바라보게 해서 아우구스티누스의 사상 형성에도 크게 도움을 주었다.

하지만 아우구스티누스는 신플라톤주의에 안주하지 않고 거기서도 문제점을 발견했다. '말씀이 육신이 되어' 우리에게 머무신다는 성육신 사상이나 하느님이 베푸는 은총의 신비함에 대해 신플라톤주의는 대답하지 않았다. 그래서 아우구스티누스는 신플라톤주의와도 일정한 거리를 두면서 성서와 유일신 하느님에 대한 무한한 존경과 믿음을 바탕으로 하는 교부 철학의 세계를 스스로 만들어 낸다.

④ 도나투스 논쟁

아우구스티누스가 4세기 말 히포의 주교로 임명되었을 때 북아프리카의 교회는 정통 가톨릭 교회와 도나투스파 교회로 분열되어 있었다. 4세기 초 황제 디아클레시아누스의 기독교 박해로 많은 신자들이 성서를 당국에 바치고 본의 아니게 배교자(背敎者)가 되었다. 박해가 그치면서 이들은 다시 교회에 돌아오려 했는데, 온건한 로마교회의 입장과 달리 교회 내 강경파들은 이들을 받아 주려 하지 않았다. 강경파는 자신들의 주장이 받아들여지지 않자 로마 가톨릭 교회를 등지고 독자적으로 교회를 세웠고 그것이 아프리카 최대의 이단교파라 할 수 있는 도나투스파였다.

이 분파를 40여 년간 이끈 도나투스라는 인물은 박식하고 금욕적인 저술가였는데, 그는 유창한 웅변을 구사해 대중들의 마음을 사로잡았다. 도나투스파 교회는 자신들의 주교를 스스로 임명하고 로마교회의 영향이 미치지 않는 북아프리카의 농민들 속에서 널리 세력을 키워 나갔다. 이들은 가톨릭 교회를 습격하거나 약탈하고 성직자들에게 테러를 가하는 등 폭력적인 방법으로 기존의 교회 질서에 대항했기 때문에 정부가 군대를 보내 이들을 진압해야 할 상황이었다.

아우구스티누스가 히포의 주교로 부임했을 때 히포의 교인들은 대부분 도나투스파 교회에 속해 있어서 정통 가톨릭 교도들에게는 빵을 팔지 않을 정도로 적대적인 태도를 보였다. 그동안 마니교 비판과 수도 생활에만 몰두해 온 아우구스티누스는 이제 교회의 일치를 깨는 도나투스파에 맞설 때라고 판단했다. 그는 설교, 논쟁, 집필과 정부 당국에 대한 탄원 등 온갖 방법을 동원해 도나투스파에 대항했고 이들을 평화적인 방법으로 설득하기 위해 백방으로 뛰었다.

아우구스티누스가 도나투스파와 논쟁한 문제는 크게 세 가지였는데, 교회의 본질에 대한 문제, 세례에 대한 문제, 교회와 국가의 관계에 대한 문제가 그것이다. 이 중, 교회의 본질에 대한 입장에서 도나투스파는 교회의 본질이 한 점의 티도 없이 깨끗하고 거룩한 교인들에게 있다고 주장했다.

반면에 아우구스티누스는 지상의 교회는 거룩한 자와 거룩하지 못한 자들이 섞인 공동체일 뿐이며 기독교의 거룩함은 오직 교회의 우두머리인 그리스도에게만 있다고 반박했다.

아우구스티누스는 399년을 전후해 반(反) 도나투스파 운동에 박차를 가했고 이에 도나투스파의 반발도 강해지면서 폭력 사태는 더욱 심각해졌다. 아우구스티누스는 황제에게 호소문을 보내는 한편 도나투스파 사람들과는 더욱 치열하게 논쟁을 벌였다. 《도나투스파 교회 비판》, 《도나투스파 교회 세례론 비판》, 《페트리안 편지 반박》, 《교회의 일치》 등은 모두 이 시절에 나온 저서들이다.

결국 황제는 405년 〈교회 일치에 관한 칙령〉을 공표하고 412년 이후에는 가톨릭 교회의 분열 문제에 적극 개입해 도나투스파 교회를 가톨릭 교회에 강제로 통합시켰다. 그 결과 도나투스파는 세력을 잃고 점차 소멸한다.

⑤ 펠라기우스 논쟁

도나투스파가 소멸되자 이들에 대항해 열정적으로 싸웠던 아우구스티누스는 심신이 지쳐 잠시 요양에 들어갔다. 하지만 도나투스 논쟁이 마무리될 무렵 다시 펠라기우스 논쟁이 시작되었다. 도나투스 논쟁은 주로 북아프리카 일대에 국한된 사건이었지만 펠라기우스 논쟁은 로마 가톨릭 교회 전체를 뒤흔든 한편 오랜 세월을 끈 사건이었다.

펠라기우스는 기독교의 부패상을 개혁하려고 노력한 젊은 수도사였다. 그는 그리스 로마의 고전과 철학에 조예가 깊었고 엄격한 수도 생활을 통해 윤리적으로도 모범을 보여서 많은 로마인들의 존경을 받았다. 하지만 그는 인간의 원죄를 부인하고 하느님의 은혜가 인간의 구원에 절대 필요한 것은 아니라고 주장하는 등 가톨릭의 정통 교리와 위배되는 주장들도 펼쳤는데, 이는 의외로 많은 사람들에게 공감을 일으켰다. 펠라기우스는 인간의 자유 의지의 문제, 원죄에 대한 문제, 죽음과 예정론의 문제 등을 새롭게 해석하며 정통 로마 교회에 대항했다.

아우구스티누스는 이에 대해 반박하는 글들을 발표했는데, 펠라기우스와 아우구스티누스의 입장 차이는 다음과 같다. 펠라기우스는 《인간의 본성》에서 하느님의 은혜는 초자연적인 것이 아니라 인간이 지닌 본래 능력과 같은 것을 의미한다고 주장했다. 인간의 선한 본성을 옹호하면서 인간의 구원은 인간 스스로의 노력에 의해 가능하다고 말했다.

이에 반해 아우구스티누스는 《인간의 본성과 은혜에 대하여》에서 인간은 본래 선하게 창조되었지만 원죄로 인해 타락했기 때문에 하느님의 은혜 없이는 누구도 구원받을 수 없다고 반박했다. 그 외에도 《죄의 벌과 용서 및 유아 세례에 대하여》, 《영혼과 경문》, 《인간의 의의 완성에 대하여》 등을 집필하여 펠라기우스와 그 추종자들을 비판했다. 특히 《영혼과 경문》은 펠라기우스 논쟁 과정에서 나온 책들 중 가장 중요한 것으로 종교 개혁가 마르틴 루터 등 후대인들에게 많은 영향을 끼친 신학서다.

아우구스티누스는 교황에게 여러 주교들과 공동 서명한 서신을 보내 펠라기우스를 단죄할 것을 요청했다(416년). 마침내 이 문제를 해결하기 위해 소집된 에베소 회의에서 펠라기우스는 이단으로 규정받아 파문당했다.

이처럼 아우구스티누스는 기독교로 귀의한 이후 줄곧 기독교의 본질과 교리를 위협하는 세력들에 대항하여 올바른 신앙 노선을 확립하기 위해 분투했다. 또 마니교도들과의 논쟁을 통해 기독교의 신에 대한 개념을 정립하고 하느님의 절대적인 창조론을 확립했다. 그리고 도나투스파 논쟁을 통해 교회 일치론과 세례론을 수립하고 펠라기우스 논쟁을 통해 은총론과 예정론을 수립해 정통 기독교 신앙의 체계를 이룩했다. 바로 이러한 공로 때문에 아우구스티누스야말로 중세 기독교 사상의 수립자라는 말이 나온 것이다.

3. 《고백록》의 의의와 특징

1) 의의

흔히 톨스토이, 루소, 아우구스티누스의 《고백록》을 세계 3대 《고백록》이라고 한다. 이 세 개의 《고백록》은 모두 지은이 자신의 젊은 날의 삶에 대한 반성과 진리의 세계에 대한 깨달음을 담고 있다. 그러나 아우구스티누스의 《고백록》은 자신의 죄를 참회하고 인생을 되돌아보는 단순한 고백록이 아니다. 자신의 삶에 대한 반성과 고백에서 한걸음 더 나아가 절대자에 대한 찬미와 신학적 문제에 대한 탐구까지 담고 있기 때문이다. 그래서 아우구스티누스의 《고백록》은 근원적 진리를 탐구하는 신학적이고 철학적인 저서로 평가된다.

라틴어 단어 Confessio(고백)는 단순한 참회 이상의 또 다른 뜻이

들어 있다고 한다. 아우구스티누스는 책 제목을 복수형 Confessiones 라고 붙여 자신의 고백이 찬양, 고해, 성찰 등을 포함해 다중적 의미를 지녔음을 시사했다.

그렇다면 아우구스티누스가 《고백록》을 쓰게 된 진정한 목적은 무엇일까? 아우구스티누스는 먼저 자신을 죄악에서 구원하신 하느님께 감사하고 신의 보이지 않는 섭리와 은총을 찬양하기 위해 《고백록》을 집필했다. 로마의 관리 다리우스에게 보낸 편지에서 아우구스티누스는 "《고백록》을 읽고 위로를 받은 부분이 있다면 제가 찬양하는 하느님을 함께 찬양합시다."라고 제안한다. 즉, 아우구스티누스에게 《고백록》은 자신의 죄에 대한 고백서인 동시에 하느님께 드리는 찬양의 고백서이기도 했다.

《고백록》의 또 다른 집필 목적은 신자들을 돌보는 성직자로서 기독교 신자들에게 올바른 신앙생활의 길잡이를 마련해 주기 위함이었다. 히포의 주교가 된 이후 아우구스티누스에게는 신자들을 하느님의 세계로 충실히 이끌어 나갈 책임이 커졌다. 특히 기독교가 국교로 공인된 뒤 사람들은 내적인 동기와 신앙심에 의해 하느님을 믿기보다는 어릴 때부터 관습적으로 기독교 신자가 되곤 했다. 그래서 그는 신자들이 《고백록》을 읽고 올바른 기독교인으로 거듭나길 바랐다.

마지막으로 아우구스티누스는 신앙의 구체적인 내용을 신학적으로 설명해 줄 필요를 느끼고 《고백록》을 집필한다. 그는 맹목적인 신앙이 아니라 사람들이 합리적인 신앙생활을 할 수 있도록 도와줄 수 있는 기독교에 대한 쉽고도 체계적인 안내서가 필요하다고 생각했다. 《고백록》이 이런 의도하에 쓰였기 때문에 《고백록》은 집필 당시는 물론이거니와 오늘날까지도 누구나 부담 없이 읽을 수 있는 기독교 입문서이자 기초적인 신학서의 역할을 해 왔다.

이렇게 《고백록》에는 아우구스티누스의 삶과 사상과 신앙의 변화가 모두 집약되어 있다. 따라서 《고백록》을 읽으면서 그의 사상적 고뇌와 편력이 어떻게 기독교 신앙으로 옮겨 가게 됐는지 한눈에 볼 수 있다. 이런 점 때문에 어떤 신학자는 기독교를 이해하려는 사람이라면 적어도 성서와 《고백록》은 읽어야 한다고까지 말했다.

14세기 이탈리아의 시인 페트라르카는 언제나 《고백록》을 주머니에 넣고 다녔다고 한다. 그는 자신이 쓴 《영혼의 갈등》에서 아우구스티누스와 나누는 대화 형식으로 자신의 인간적 고뇌와 갈등을 표현했다. 그만큼 《고백록》은 기독교에 대한 단순한 입문서 역할을 뛰어넘어 진리를 추구하고 삶을 고뇌하는 사람이라면 누구나 한번쯤 읽어야 할 고전으로 자리 잡았다. 왜냐하면 《고백록》은 영혼과 육체, 욕망과 절제, 현세적인 삶과 영원불멸의 삶, 인간의 한계와 대비되는 절대자의 문제 등에 대해 솔직하고 진실하게 그리고 있기 때문이다.

2) 구성상의 특징

《고백록》을 읽어 본 사람이라면 느끼겠지만 《고백록》은 성격이 다른 내용들이 한 권의 책 속에 담겨 있다. 내용으로 본다면 제1권에서 제9권까지를 첫 부분, 제10권을 두 번째 부분, 제11권에서 제13권까지를 세 번째 부분으로 크게 나누어 볼 수 있다. 그래서 책의 통일성을 놓고 2부작이다 3부작이다 하는 논란도 있었고, 심지어 13권으로 되어 있지만 성격이 다른 두 책이 합본된 것이라는 주장까지 나올 정도로 그 내용이 서로 다르다.

그렇다면 《고백록》을 내용에 따라 세 부분으로 나누어 그 성격을 간략히 살펴보도록 하자.

제1부를 구성하는 제1권에서 제9권까지는 아우구스티누스가 어린 시절과 젊은 날의 삶에 대해 자서전식으로 돌아보는 부분이다. 과거를 돌아보고 있지만 타락한 자신을 구원하신 하느님에 대한 찬양과 기도도 상당 부분 차지한다.

그 중에서도 제1권에서 제4권까지는 아우구스티누스의 성장 과정이, 제5권에서 제9권까지는 아우구스티누스가 기독교로 회심하기까지의 과정이 담겨 있다. 이 부분은 참회록의 성격이 강해 아우구스티누스가 종종 회한에 사로잡혀 삶의 우여곡절들을 자세하게 들려준다. 이러한 분위기는 어머니의 죽음과 자신의 세례를 이야기한 제

9권에서 절정을 이룬다.

제2부에 해당되는 제10권은 아우구스티누스가 히포의 주교가 된 집필 당시의 상황에 시선이 맞춰진다. 아우구스티누스는 의식과 무의식을 포함한 기억의 문제를 논리적으로 짚어가면서 욕망과 양심의 문제를 이야기한다. 제10권을 통해 아우구스티누스의 당시 생각과 당면한 고뇌를 엿볼 수 있다.

제3부는 제11권에서 제13권까지로 기독교 신앙에 대한 아우구스티누스의 철학적이고 신학적인 통찰을 논리적이고 사색적으로 담아낸다. 특히 제13권은 〈창세기〉 1장과 관련하여 성서와 성령의 본질, 교회의 역할 등을 은유적으로 해석함으로써 아우구스티누스의 탁월한 성서 주석 솜씨를 드러낸다. 시간론, 창조론, 〈창세기〉 1장에 대한 해설로 이어지는 제3부의 끝에서 아우구스티누스는 기독교적인 은유적인 삶과 영원한 진리에 대해 진지하게 답을 구하고 있다.

4. 《고백록》이 갖는 진정한 의미

아우구스티누스는 100여 권이 넘는 많은 책을 저술했고, 그런 방대한 저서들은 오늘날까지 살아 있는 인류의 위대한 자산이 되었다. 이 '교부 철학의 위대한 스승'은 신의 시대라 불리는 유럽 중세의 문을 열었고, 그에 대한 관심은 그의 사후 1600여 년이 흐른 지금까지도 계속되고 있다. 오늘날 해마다 나오는 그에 대한 논문과 책들이 이를 증명한다.

서양 사상의 역사는 신학과 기독교를 빼놓고 이야기할 수 없을 정도로 그것들과 밀접하게 연결되어 있다. 특히 중세 시대는 인간의 측면에서 보면 암흑의 시대라 불리지만 신학과 종교의 측면에서 보면 개화기라 할 수 있다. 그런 점에서 아우구스티누스는 어느 누구보다도 신학과 철학 분야에서 탁월한 업적을 남겼다. 유명한 분석 철학자 화이트헤드는 서양의 철학을 가리켜 어떤 면에서 플라톤에 대한 주석이라고 말했다. 이에 대응하여 학자들은 서양의 신학은 어떤 면에서 아우구스티누스에 대한 주석이라는 말을 한다. 그럼 왜 아우구스티누스가 신학과 종교에 이토록 많은 영향을 미치게 된 것일까?

그 이유는 인간과 신에 대한 그의 깊은 통찰력이 신학과 철학의 울타리를 넘어서서 인류의 보편적인 가치와 맞닿아 있었기 때문이다. 아우구스티누스는 그리스 로마의 철학을 이어받아서 신학의 체계를 완성했다.

그러나 그는 자신의 삶과 많은 논쟁에서 보여 주듯, 신학과 기독교에 매몰된 주관과 독단의 세계에 빠지지 않았다. 그는 인간들이 보편적으로 추구하는 가치와 진리를 찾고자 했다. 그래서 아우구스티누스의 탐구심은 신학에 그치지 않고 역사, 철학, 문학, 심리학, 심지어 예술 분야에까지 이른다. 그 예로 《음악론》에서는 아우구스티누스의 심오한 예술적 안목을 엿볼 수 있다. 특히 심리학이나 형이상학 분야에서 그의 영향력은 거의 절대적이라고까지 말한다. 인간 내면에 대한 치밀한 심리 분석으로 아우구스티누스는 현대 심리학의 기초를 열었다고 평가받는다.

이렇게 여러 분야를 아우르는 그의 저서들은 아우구스티누스의 풍부한 인문학적 교양과 능력을 그대로 입증한다. 인문주의, 특히 그리스 문학과 학문에 각별한 애정을 지녔던 아우구스티누스는 기독교 교육에서도 예술과 인문학의 중요성을 강조하곤 했다. 페트라르카를 비롯한 르네상스 시기의 인문주의자들이 아우구스티누스를 진리의 스승으로 삼기를 주저하지 않았던 이유도 바로 여기에 있다.

앞에서도 말했지만 중세의 신학과 철학은 대부분 아우구스티누스의 사상에 기초하고 있었다. 대학에서 신학 교과서를 만들거나 교회법을 제정할 때 아우구스티누스의 저작은 주요 지침서가 되었다. 역대의 교황들은 물론이거니와 성서의 이해와 주석에 대해 많은 신학자들은 모두 아우구스티누스를 참고했고 중세 신학을 집대성한 안셀무스와 토마스 아퀴나스의 스콜라 철학은 아우구스티누스로부터 파생했다.

또한 아우구스티누스의 저서들은 근대 종교 개혁의 사상적 원천이었다. 종교 개혁을 이끈 마르틴 루터는 아우구스티누스의 저서들을 삼켜 버릴 만큼 열심히 탐독했다고 한다. 루터는 자신의 세례명도 아우구스티누스라고 짓고 아우구스티누스 수도단에서 수도사로 지냈다. 또한 그의 저서를 읽는 데 그치지 않고 성인 아우구스티누스와 같은 삶을 살고자 노력했으며 자신의 신학 이론을 완성하는 데 아우구스티누스의 사상을 그대로 받아들였다. 루터뿐 아니라 칼뱅도 아우구스티누스의 신학 이론을 통해 예정론이라는 새로운 신학 이론을 확립했다.

이렇게 아우구스티누스는 그가 살았던 시대를 뛰어넘어 중세뿐 아니라 현대에 이르기까지 많은 영향을 미쳤다. 그래서 사람들은 아우구스티누스가 고대 말과 중세 초의 라틴 문명을 대표하는 인물이지만 그를 최초의 근대인, 혹은 최초의 현대인이라고 부른다. 왜냐하면 아우구스티누스에게서 역사의 시간을 뛰어넘는 근현대 사상의 원천을 찾아볼 수 있기 때문이다. 그의 논리 정연한 사유 체계는 오늘날까지 근현대의 어떤 사상가보다 강력한 힘을 발휘하고 있다. 신학자 폴 틸리히는 "서양 기독교 사상을 대표하는 아우구스티누스는 그의 사후 천 년 동안만이 아니라 모든 시대에 영향을 끼친 사람"이라고 칭송했다.

근현대의 기라성 같은 사상가들도 아우구스티누스라는 마르지 않는 샘에서 솟구치는 싱싱한 물을 길어 와 자기 사상의 나무를 키웠다. 신과 인간의 신비로운 관계를 강조했던 파스칼, 인간의 근원적인 불안을 파헤쳐 신에게서 구원을 찾았던 키르케고르, 분석 철학의 대표자 비트겐슈타인, 신학자 칼 바르트 등 수많은 현대 사상가들의 뿌리를 탐색하다 보면 어딘가 한편에서 아우구스티누스의 어깨에 기대선 그들의 모습을 찾을 수 있다.

이처럼 위대한 신학자이자 사상가였던 아우구스티누스가 쓴 저서 가운데 아직까지도 많은 사람들에게 읽히며 사랑받는 책이 《고백록》이다. 사실 《고백록》은 그의 신학 사상이나 다른 분야의 저서들보다는 전문적인 책이 아니다. 하지만 오늘날까지도 《고백록》이 기독교 신자든 그렇지 않든 많은 사람들의 사랑을 받는 이유는 그의 인생에 대한 진지한 성찰과 가슴을 울리는 내용 때문일 것이다.

흔히 사람들은 젊은 날에 실수를 하기도 하고 방황을 하기도 하며 향락과 방탕에 빠지기도 한다. 하지만 이런 방황과 실수를 딛고 일어선 사람은 그다지 많지 않다. 그러나 아우구스티누스는 자신의 방황과 방탕의 잘못을 깨닫고 이를 계기로 기독교에서 성인의 칭호까지 받는 사람이 되었다. 그리고 그것을 이끈 힘은 바로 진리와 진실에 대한 뜨거운 열정이었다.

진리에 대한 열정과 자신의 그릇된 생각과 행동에 대한 철저한 반성, 그리고 그것을 극복하려는 노력이 아우구스티누스를 올바른 기독교인으로 이끈 진정한 힘이었다. 오늘을 사는 우리 청소년들이

《고백록》을 읽어야 하는 이유도 여기에 있다. 영혼을 울리는 한 마디 말이 열 마디의 설교와 강의보다도 값지다는 것을 《고백록》은 고스란히 보여 주고 있다. 자신의 치부까지 모두 드러내는 '고백'을 통해 하느님의 자식으로 거듭나려 했던 1600년 전 한 인간의 진심과 용기에 찬사를 보내자.

아우구스티누스 연보

354년	11월 13일 북아프리카의 타가스테에서 태어났다.
365~369년	마다우라에서 중등교육을 받는다.
371~374년	카르타고에서 수사학 공부를 시작하는데, 카르타고로 유학 가던 그 해에 아버지가 사망한다. 유학 시절에 마니교에 빠졌지만 키케로의 《호르텐시우스》를 읽고 하느님의 사랑에 눈뜨게 된다. 이 시기에 한 여인과 동거 생활을 하면서 아들 아데오다투스를 얻는다.
375~376년	고향에 잠시 머무는 동안 문법을 가르치다가 다시 카르타고로 가서 수사학 교사 생활을 시작한다.
377~380년	처녀작 《아름다움과 어울림에 대하여》를 저술한다.
383~385년	밀라노에 가서 수사학 교사 생활을 하는 동안 점성술과 회의주의에 끌린다. 그러나 암브로시우스 주교를 만나게 되면서 《성경》 해석에 새롭게 눈뜨게 된다.

386년	기독교로 회심한 뒤에 수사학 교사직을 사퇴하고 카시키아 쿰에서 6개월 동안 휴식한다. 그동안에 《회의론 반박》, 《독백록》, 《행복론》, 《질서론》 등을 집필한다.
387년	아들 아데오다투스, 알리피우스와 함께 암브로시우스 주교에게 세례를 받는다. 밀라노에서 고향으로 돌아오는 도중 영원한 지혜를 깨달은 오스티아에서의 신비 체험 뒤에 어머니 모니카가 사망한다. 로마에서 1년 정도 지내면서 《자유 의지론》, 《영혼의 분량》, 《가톨릭 교회의 도덕과 마니교도의 도덕》을 저술한다.
388년	고향인 타가스테로 돌아와 수도원을 설립한다.
390년	아들과 친구 네브리디우스가 같은 해에 사망하면서 정신적으로 큰 충격을 받는다.
391년	히포에서 사제 서품을 받고, 마니교를 반박하는 책 《믿음의 효율성》, 《두 혼에 대하여》를 저술한다.
392년	마니교도와 공개적으로 논쟁을 벌인다.
393년	도나투스파와의 논쟁이 있었으며, 북아프리카 주교 회의에서 〈신앙과 교리〉에 관한 특별 강연을 한다. 미완성 《창세기 강해》 이외에 몇 권의 주석서를 저술한다.
396년	히포의 정식 주교로 임명된다.

397~400년	《고백록》을 집필하기 시작하여 4년 만에 완성한다. 이 외에도 《그리스도교 교양》, 《초신자 교육》, 《복음서 가지들의 일치》, 《삼위일체론》 등을 저술한다.
403~412년	《도나투스파 교회 비판》, 《페트리안 편지 반박》, 《교회의 일치》 등을 저술하면서 도나투스파와의 논쟁에 박차를 가한다.
412~421년	펠라기우스파와 논쟁을 벌인다.
413~429년	《창세기 축자 해석》, 《요한복음 강해》, 《영혼의 기원》, 《그리스도의 은혜와 원죄》, 《결혼과 정욕》, 《은총과 자유 의지》를 비롯해 대작 《신국론》(413~426년)과 그동안 자신이 썼던 117권의 책을 연대별로 정리·평가·수정한 《재고록》(427년)을 완성한다.
430년	8월 28일 히포에서 76세의 일기로 세상을 떠난다.